おうちでシェフ味
カルミネさんの
イタリアン

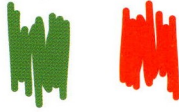

Carmine
Cozzolino

ようこそカルミネ食堂へ。

僕が日本に来て、もう30年以上たつんだ。

ずっとお店をやってきて常々思うのは、

料理をするって本当に素敵なことなんだってこと。

だからレストランで食べるのもいいけど、

作る楽しみ、食べてもらう喜びを感じてほしくて、この本を作ったんだよ。

"料理は人生を楽しくする" 僕はそう信じてるから。

だって、「なんでもいいから食べる」より、

「何を食べたいかきちんと考えて作ったものを食べる」ほうが、

精神的にも肉体的にもいいに決まってる。

料理をしないなんてもったいない!

家族や友人、恋人など大切に思っている人に

イタリア料理を食べてもらいたいとき、

この本が少しでも役に立つといいな。

さあ、オープンだよ。

6 カルミネ直伝

イタリアンの基本テクニック

Contents

おうちでシェフ味

カルミネさんのイタリアン

第1章 まずは、の一皿に
アンティパスト

カルパッチョ
12 牛肉のカルパッチョ ルーコラ添え
13 帆立貝柱のカルパッチョ
14 すずきの温製カルパッチョ
15 まぐろのカルパッチョ
サラダ
16 たらのマヨネーズサラダ
17 鶏胸肉のマヨネーズサラダ
18 小えびとアボカドのカクテル
19 サーモンのタルタル
20 たこと野菜のマリネサラダ
21 サーモンのマリネ レモンソース
温製サラダ
22 カラブリア風サラダ
23 帆立貝柱とマッシュルームの温製サラダ
24 いかと白いんげん豆の温製サラダ
25 ★ 白いんげん豆のゆで方
   白いんげん豆とからすみのクロストーネ
温かい料理
26 カポナータ
27 いいだこのトマト煮
28 いわしと野菜のオーブン焼き
29 スカモルツァチーズのソテー
     アンチョビソース、ルーコラ添え
クロスティーニ
30 トマトのブルスケッタ／
   モッツァレッラとアンチョビのクロスティーニ
31 きのこのクロスティーニ／鶏レバーのクロスティーニ
おつまみにもなる野菜料理
32 ズッキーニのフリット／
   マッシュルーム、ルーコラ、グラーナチーズのサラダ
33 温製ズッキーニサラダ／じゃがいものグラタン
34 白いんげん豆のトマト煮／ほうれん草のバターソテー
35 ほうれん草のにんにく風味／じゃがいものロースト

チーズ、クリーム系

56 スパゲッティ・カルボナーラ
58 たらこ風味のカルボナーラ
59 魚介類とパプリカのスパゲッティ
60 うにのスパゲッティ
61 スモークサーモンのペンネ オレンジ風味
62 マッシュルーム風味のペンネ
63 リコッタチーズのリガトーニ
64 八百屋さんのフジッリ
65 アスパラのカルボナーラあえファルファッレ

ミート系

66 スパゲッティ・ボロニェーゼ
68 サルシッチャとブロッコリーのスパゲッティ
69 リガトーニのミートソースあえ フィレンツェ風

手打ちパスタ

70 あこがれの手打ちパスタに挑戦!
72 ★ 手打ちパスタの種類とゆで方
73 きのこソースのタリアテッレ
74 からすみと生クリームのタリオリーニ
75 卵黄とハムのクリームあえタリオリーニ
76 アーモンドとルーコラのタリアテッレ
77 サルシッチャのパッパルデッレ
78 バジリコペースト入りラザニア
80 ほうれん草入りラヴィオリ ミートソース
81 ★ ラヴィオリの包み方

ニョッキ&リゾット

82 かぼちゃのニョッキ セージバターソース
83 ほうれん草のニョッキ 4種類のチーズソース
84 魚介のリゾット
85 ★ リゾットの基本
86 きのこのリゾット
87 ルーコラのリゾット

ズッパ

88 ミネストローネ
89 トマトスープ
90 卵とチーズのスープ ローマ風
91 白いんげん豆とパスタのスープ

Column
カルミネシェフのお話

36 1 レストラン気分をおうちで楽しむ
92 2 オリーブ油は
良質のエクストラ・ヴァージンを
114 3 イタリア各地の食事パン
158 4 イタリアワインの楽しみ方

第2章 やっぱり、大人気のパスタ!
プリモピアット

トマト系

38 スパゲッティ・ポモドーロ
40 ★ スパゲッティのゆで方
41 ★ スパゲッティとソースのあえ方&盛りつけテクニック
42 スパゲッティ・アマトリチャーナ
43 スパゲッティ・アラビアータ
44 きこり風ペンネ
45 スパゲッティ・ボンゴレ・ロッソ

ガーリックオイル系

46 アンチョビとほうれん草のスパゲッティ
47 たこのスパゲッティ
48 めかじきとなすのスパゲッティ
49 いわしのスパゲッティ
50 いかとズッキーニのスパゲッティ
51 アスコリ風スパゲッティ
52 ブロッコリーのオレッキエッテ
53 エドキャノ風スパゲッティ
54 スパゲッティ・ジェノヴェーゼ

カルミネ直伝

16 イタリア式マヨネーズ
23 ドレッシング
39 トマトソース
55 バジリコペースト
67 ミートソース
79 ホワイトソース
141 カスタードクリーム

本書の使い方

★ 表示の大さじ1は15㎖、小さじ1は5㎖、1カップは200㎖です。
★ レシピの分量は2人分が目安ですが、作りにくいものは、作りやすい分量で表記しています。料理写真と材料表の分量が同じでないこともあります。
★ エクストラ・ヴァージン・オリーブ油はE.V.オリーブ油と表記しています。
★ バターは塩分不使用のものを使用しています。加塩バターを使用する場合は、塩加減に注意してください。
★ 使用しているスープは「ブロード」(→P.157)です。市販のスープの素で代用するときは、塩分を調整してください。

第4章 とっておきのメインディッシュ セコンドピアット

肉料理
116 牛肉のステーキ
117 牛肉のステーキ ルーコラ添え
118 仔牛のサルティンボッカ ソレント風
119 牛肉と白いんげん豆の煮込み
120 仔羊のカツレツ ボローニャ風
121 鶏肉の悪魔風
122 鶏胸肉のソテー ヴェルモット風味
123 鶏肉と野菜の煮込み
124 豚ロース肉と白いんげん豆のトマト煮
125 豚フィレ肉のシチリア風
126 豚フィレ肉のパンチェッタ巻き
　　　マスタードソース
127 豚肩ロースの串焼き フェンネル風味

魚料理
128 いわしとトマトのオーブン焼き
129 すずきの包み焼き ハーブの香り
130 舌びらめのフライ パルマ風
131 さばのソテー
　　　ミニトマトとバルサミコのソース
132 たらのリヴォルノ風
133 めかじきのミラノ風カツレツ
134 いかのソテー タイム風味
135 帆立貝のグラタン
136 車えびのパン粉焼き

第5章 食事の締めは、やっぱり ドルチェ

138 ティラミス
139 クレーマ・マスカルポーネ
140 ズッパ・イングレーゼ
142 パンナコッタ
143 チョコレートムース
144 ザバイオーネのセミフレッド
145 チョコレートケーキ
146 ズコット
147 かぼちゃのプリン

第3章 おうちでも、あつあつ ピッツァ

おうち風とピッツェリア風のピッツァ
96 ピッツァ生地
97 ピッツァソースの作り方
97 モッツァレッラチーズの下処理

おうち風ピッツァ
98 マリナーラ風ピッツァ
100 なすとパプリカのピッツァ／ナポリ風ピッツァ
101 じゃがいものピッツァ ローズマリー風味
102 サルシッチャと玉ねぎのピッツァ／
　　　ハムときのこのピッツァ
103 菜園風ピッツァ

ピッツェリア風ピッツァ
104 ピッツァ・マルゲリータ
106 カラブリア風サラミのピッツァ／
　　　4種のチーズのピッツァ
107 海の幸のピッツァ
108 トマトとルーコラのサラダ風ピッツァ／
　　　気まぐれピッツァ
109 フィレンツェ風ピッツァ
110 スモークサーモンのピッツァ／カルツォーネ

フォカッチーノ
111 フォカッチーノ／
　　　生ハムとルーコラをのせたフォカッチーノ

スキャッチャータ
112 ベーコン入りスキャッチャータ／
　　　オリーブ入りスキャッチャータ

デザートピッツァ
113 フルーツのデザートピッツァ／ピッツァ風ティラミス

イタリア食材便利帳
148 パスタ図鑑
150 チーズ図鑑
152 調味料と加工品
154 ハーブ＆野菜図鑑
157 イタリアのだし「ブロード」のとり方

にんにくの
切り方、使い方

つぶしたり、刻んだり、
とにかくイタリアンには欠かせない食材。
にんにくは切り方を変えるだけで
香りも味わいも違ってきます。
料理に合わせたにんにくの切り方を覚えましょう。

つぶす

野菜の炒めものや塩味系のパスタなどに使います。オリーブ油ににんにくの風味をほのかにつけたいときに効果的な方法。油に香りを移したら、取り出します。

1
半分に切る。**2**でつぶすときにころがらず、安定する。

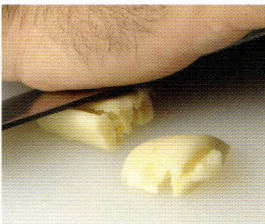

2
切り口を下にしておき、包丁を寝かせて上から押さえ、両手で体重をかけながらぎゅっとつぶす。

カルミネ
直伝

イタリアンの
基本
テクニック

「パスタなら週1回作る」というかたも、
イタリアンというと
ちょっと敷居が高い気が
するかもしれません。
でも、基本をしっかり覚えておけば
まったく心配なし!
イタリア人シェフ、
カルミネさんならではの
目からうろこのコツもきちんと
伝授しますよ。

特別難しいことはなにもないよ。素材の扱いや火の入れ方のポイントさえ覚えておけば、驚くほどおいしくできるんだ。

1片

このまま使用すること
は基本的にありません。
半分に切った切り口を
パンなどにすりつけて
香りを移すといった使
い方があります。

1株

イタリアのにんにくは
少し小ぶりでみずみず
しくまろやか。日本の
にんにくは刺激が強い
ので、少量を効果的に
使いましょう。

みじん切り

にんにくの風味を強く出したい、しっかり生かしたいと
きに使います。トマトソースなど、濃厚でしっかりした
味と合わせるとバランスよく仕上がります。

1
包丁の刃先で、根元に
近い部分を切り離さず、
薄切りにする。

2
1の切り目に対して垂
直方向に包丁を入れる
と、粗めのみじん切り
ができる。つなげてお
いた部分も刻む。

3
包丁の先端を片方の手
で押さえ、そこを支点
に包丁の柄を左右に動
かしながら刻み、細か
いみじん切りにする。

スライス

マリネやパパッと炒める料理などに使います。香りを出
すとともに、具の一部としても楽しみます。

にんにくを横におき、
薄切りにする。芯は残
したままでOK。

にんにく唐辛子オイルの作り方

にんにくと唐辛子の香りを移したオリーブ油は、イタリア料理の味作りの基本。
そのままパスタにからめたり、野菜、肉、魚介を炒めて、
さまざまな料理に仕上げていきます。

日本では赤唐辛子の種を取り除くことが多いようだけど、イタリアでは種ごと入れるんだ。種の有無はそれほど違いがないし、種ごと入れるのは自然なことだよ。

1

フライパンにオリーブ油を温め、赤唐辛子を2つにちぎって入れる。

2

ときどきゆすりながら、うっすら色がついてくるまで温める。

赤唐辛子は写真のように黒ずむと、香りが出てちょうどいいんだ。にんにくも、焦げるのを気にしすぎて生っぽいままだと、香りが出ないし、口臭のもとにもなるんだよ。

にんにくを先に炒める方法もあるけど、僕は赤唐辛子の香りを十分に引き出すために、先に赤唐辛子を入れるんだ。

3

赤唐辛子がうっすら黒くなってきたら、にんにくのみじん切りを入れて弱火で温める。

つぶしたにんにくの場合

香りだけを生かしたいとき、特に塩味系のものに向く。香りが立ったら必ず取り出す。

4

にんにくが色づいてきたら、でき上がり。余熱で焦げそうなら、ぬれぶきんなどでフライパンの底を冷やす。

段取りとテクニック 3つのポイント

ひとつひとつの作業をきちんとやると、でき上がりが断然違います。
料理はステップバイステップ。
積み重ねがおいしさを作る秘訣です。

3 しっかり煮つめる

炒めると同様に、水っぽさを防ぐためには、よくよく煮つめることも大切です。煮つめることで、素材の味が凝縮されてこくが出ます。特にパスタソースはパスタに完全にからませるために、しっかり煮つめます。極端に表現すれば「乾いた」状態がベスト。

2 素材は炒めて加える、の繰り返し

「炒める」という作業は、水分をとばして素材の味をしっかり引き出すためのもの。余分な水分が残っていると、ぼんやりとしたしまりのない味になります。また材料は、ひとつの素材を炒めて水分をとばし、油をなじませてから次の素材を入れましょう。中途半端に次の素材を入れるとそこから味がくずれてしまいます。ちょっと炒めすぎかも…と思うくらいしっかり油となじませて濃い味に仕上げてください。ただし、炒めすぎてぐちゃっとならないように注意。

1 材料は切りそろえる

料理を作るとき、材料はほぼ同じ大きさに切りそろえましょう。こうしておくと、炒めやすく、均一に火も通ります。また火にかける前に、写真のようにすべて切って準備しておくと、段取りよくタイミングを逃さず料理を仕上げることができます。

知っておきたい食材の下ごしらえ

この本で使用する材料に特別なものはありませんが、
イタリアンならではのちょっとした下ごしらえが必要なものがあります。
頻繁に使用するものなので、覚えておくとスムーズに料理が進みます。

パン粉

肉や魚介のオーブン焼きなどによく使用するパン粉。イタリアのパン粉は、日本のものより細かくてさらさらしています。水分を吸わせてしっとりさせる料理やパスタのソースにするなど、使用頻度が高いので作り方を覚えておくとよいでしょう。

1
堅くなったバゲットは5mm厚さの小片に切り、160℃に温めたオーブンに数分入れて乾燥させる。焼き色がつかないように注意。

2
フードプロセッサーにかけて粉末にする。目の細かなおろし金ですりおろしてもよい。

3
目の細かなざるに入れ、手のひらで押しながらこす。

4
自家製パン粉のでき上がり。

バゲットは、2〜3日たったものを使うといいよ。焼きもったてをパン粉にするのはもったいないし、乾き具合もたりないから。

ケイパー

特有のうまみがあるケイパー。日本では酢漬けのケイパーがポピュラーですが、最近は塩漬けも輸入されています。酢漬けはスモークサーモンのつけ合わせに便利ですが、塩漬けのほうがうまみがあるので、この本では塩漬けを使用しています。30分ほど水にさらし、水気をよく絞って使います。

左が塩漬けのケイパー。右が30分水にさらし、水気をよく絞ったもの。

ホールトマト

缶詰のトマトはイタリア料理に欠かせないもの。生のトマトに比べて甘みが強いので、しっかりと濃いソースになります。ホールトマトは裏ごしするとなめらかな仕上がりになるので、ぜひおすすめです。

SOLE PEELED ITALIAN TOMATOES
SPECIAL ITALIAN PEELED TOMATOES
Spigadoro

この本のホールトマトはトマトと水分を合わせて裏ごしした分量です。

Antipasto

第1章

まずは、の一皿に
アンティパスト

アンティパストとは前菜のこと。
おいしい食事の始まりを告げる
助走といったところでしょうか。
ワインといっしょにつまめば
会話も弾みます。
ほら、だんだん食欲が
わいてきたでしょう？

薄く切った生の肉を皿に並べるアンティパストの代表

牛肉のカルパッチョ
ルーコラ添え

Carpaccio di manzo con rucola

準備
＊牛フィレ肉をラップで包み、冷凍庫に1～2時間入れて軽く冷凍する。
＊ルーコラは2～3等分のざく切りにする。

1 冷凍しておいた肉を厚さ2㎜ほどの薄切りにする。皿に薄く広げ、塩、こしょうをし、オリーブ油とレモン汁をかける。

2 1にルーコラをこんもり盛って、パルミジャーノチーズを薄く削って散らす。

材料（2人分）
牛フィレ肉…100g
ルーコラ…40g
パルミジャーノチーズ…20g
レモン汁…½個分
E.V.オリーブ油…大さじ1
塩、こしょう…各適量

Note
カルパッチョの元祖は、牛フィレ肉の薄切りにマヨネーズベースのソースをかけたもの。今ではイタリア各地でアレンジしたものが作られていますが、このレシピが一番ポピュラーです。

新鮮な帆立をマスタード風味のソースでいただく

帆立貝柱のカルパッチョ

Carpaccio di capesante

準備

＊帆立貝柱は横半分に切る。

＊エシャロットはみじん切りにする。

1 帆立貝柱は盛りつけ用の皿に並べて塩、こしょうする。

2 エシャロットをボウルに入れてマスタード、レモン汁、塩、こしょうを加える。オリーブ油をたらしながら泡立て器でかき混ぜ、ソースを作る。

3 1にソースをかけ、キャビアとセルフイユを添える。

材料（2人分）

帆立貝柱…6個

キャビア（あれば）…適量

セルフイユ…少量

塩、こしょう…各適量

ソース

[エシャロット…1/4片

マスタード…5g

レモン汁…大さじ1

E.V.オリーブ油…40㎖

塩、こしょう…各適量]

すずきはさっと温めて、ハーブと楽しむワインに合う一品

すずきの温製カルパッチョ

Carpaccio di spigola tiepido alle erbe aromatiche

1 皿をオーブンなどで温めておく。

2 すずきをごく薄くそぎ切りにしながら、皿に並べる。オーブンで1分ほどさっと温めたのち、塩、こしょうをふる。

3 グリーンオリーブ、あさつき、ケイパーを**2**の上に散らす。タイムは指でしごき、葉だけを散らす。

4 オリーブ油適量を回しかけ、セルフイユの葉を摘んで散らし、トマトを中央に盛る。

準備

＊すずきのフィレは骨抜きし、塩、こしょう、ディルの葉をまぶし、レモン汁とオリーブ油20mℓをかける。ラップをかぶせて冷蔵庫で2時間マリネする。
＊グリーンオリーブは薄切りにする。
＊あさつきは小口切りにする。
＊ミニトマトを四つ割りにする。
＊オーブンを200℃に予熱する。

材料（2人分）

すずきのフィレ…½枚（150ｇ）
ディルの葉…適量
レモン汁…¼個分
グリーンオリーブ…2個
あさつき…2本
ケイパー…20粒
タイム…4枝
セルフイユ…少量
ミニトマト…2個
E.V.オリーブ油…適量
塩、こしょう…各適量

Carmine's Advice

生のままだとちょっとにおいが気になる程度にほんのり温かくすると、すずきのうまみが一番出るんだ。

まぐろのカルパッチョの場合は冷やしたほうがおいしいけど、すずきはちょっと温めたほうが味が生きてくるよ。

薄切りまぐろとしゃきしゃき野菜が絶妙のコンビネーション

まぐろのカルパッチョ

Carpaccio di tonno alle piccole verdure

1 軽く冷凍したまぐろを2mm厚さの薄切りにし、皿に1枚ずつ広げて塩、こしょうをふる。

2 1の上に野菜を散らし、オリーブ油とバルサミコ酢をかける。

Carmine's

Advice

カルパッチョはオリーブ油で味つけするので、脂がのったトロは油と脂がけんかしてしまうんだ。赤身を使うのがベストだよ。そしてできるだけ薄くスライスするのがポイント。厚みがあると、生臭さも出るし、わさびが欲しくなってしまうからね(笑)。

準備

＊まぐろをラップで包み、冷凍庫に1～2時間入れて軽く冷凍する。

＊パプリカは2mm角に切り、白ワインヴィネガーと塩を加えた湯でさっとゆでる。ざるにとって冷ます。

＊大根ときゅうりはごく細切りにし、水にさらしてぱりっとさせる。ペーパータオルで水気を取る。

材料（2人分）

まぐろの赤身（さく）…120g
大根…40g
きゅうり…40g
パプリカ（赤、黄）…各40g
E.V.オリーブ油…20㎖
バルサミコ酢…10㎖
白ワインヴィネガー…少量
塩、こしょう…各適量

淡泊なたらをマヨネーズであえておしゃれな一皿に

たらのマヨネーズサラダ
Pappa al merluzzo

準備
＊塩だらは1時間水にさらす。
＊万能ねぎとイタリアンパセリ（飾り用に少し残す）はみじん切りにする。
＊トマトはくし形切りにする。

材料（2人分）
塩だら…150g
レモン汁…½個分
マヨネーズ（右記参照）…100g
万能ねぎ…2本
イタリアンパセリ…少量
トマト…½個
E.V.オリーブ油…少量
塩、こしょう…各少量

1 鍋にたっぷりの湯を沸かしてレモン汁の半量を入れ、たらを入れて10〜15分ゆでる。ざるにとって水気をきり、そのままおいて冷ます。皮と骨を除きながら、身を手で細かくほぐしてボウルに入れる。

2 1に万能ねぎとイタリアンパセリの半量、マヨネーズ、残りのレモン汁、塩、こしょうを加えあえる。

3 皿にのせてパレットで平らにする。トマトをのせ、飾り用と残りのイタリアンパセリを散らし、オリーブ油をたらす。

Note
たらは北洋の魚なのでイタリアの近海では獲れないため、昔からバッカラという塩漬けにして乾燥させたらを輸入していました。安くて庶民的な魚なので、いろいろな食べ方があります。生のたらを使うなら、塩抜きは不要。

カルミネ直伝

イタリア式マヨネーズ
Maionese

材料（でき上がり約250g）
卵黄…1個
ピュア・オリーブ油…225㎖
白ワインヴィネガー…15㎖
塩…小さじ¼

日本ではサラダ油でマヨネーズを作るけど、イタリアではもちろんオリーブ油。ただ、エクストラ・ヴァージンでは味が強すぎるので、ピュアのほうがいいんだ。サラダ油よりも、香りとこくのあるおいしいマヨネーズになるよ。

1 ボウルに卵黄を入れて泡立て器でほぐす。

2 オリーブ油の半量を少しずつたらしながら、泡立て器でかき混ぜる。卵黄と油が乳化してだんだん堅くなってくる。

3 白ワインヴィネガーをたらしながらかき混ぜる。残りのオリーブ油を加えながら、さらにかき混ぜ、塩を加え混ぜる。

脂肪分の少ない鶏胸肉はマヨネーズと相性抜群

鶏胸肉のマヨネーズサラダ

Insalata di pollo

1 鶏胸肉は皮を取り除き、中心に火が通るまで10〜15分塩ゆでする。取り出し、氷水に入れて冷ます。ペーパータオルではさんで水気を拭き、1cm角に切る。

2 ボウルに**1**とにんじん、パプリカ、グリーンピース、イタリアンパセリを合わせ、白ワインヴィネガー、マヨネーズ、粒マスタード、塩、こしょうであえる。

3 サラダ菜とトレヴィスをざく切りにして皿に敷き、トマトをまわりに散らす。マヨネーズあえを盛り、オリーブ油とこしょうをふる。

準備

＊にんじんは小さめのいちょう切りにして塩ゆでする。

＊パプリカ、トマトは皮つきのまま1cm角に切る。

＊グリーンピースは塩ゆでし、ざるにとって水気をきり、冷ます。

材料（2人分）
鶏胸肉…100g
にんじん…25g
パプリカ（赤、黄）…各½個
グリーンピース…25g
イタリアンパセリ（みじん切り）
　…ひとつまみ
白ワインヴィネガー…大さじ1
マヨネーズ（→P.16）…100g
粒マスタード…ティースプーン½
サラダ菜、トレヴィス…各適量
トマト…大½個
塩、こしょう…各適量
E.V.オリーブ油…少量

Note

マヨネーズであえたサラダといえば、日本ではポテトサラダですが、イタリアでは鶏胸肉をよく使います。身近な彩りのよい野菜を加えてあえるだけなので手軽にできます。

材料（2人分）
むきえび…100g
オレンジ…¼個
アボカド…¼個
ブランデー…大さじ½
マヨネーズ（→P.16）…50g
トマトケチャップ…10g
ウスターソース…少量
タバスコ…少量
トレヴィス、エンダイブ、イタリ
アンパセリ（みじん切り）…適量
塩…少量

準備
＊オレンジの皮をむき、袋から身を取
り出して1cm角に切る。皮は少量を薄
くむいてせん切りにする。
＊エンダイブは細切りにする。

メモ
アボカドは身を縦に4等分する。

1 むきえびは塩ゆでし、氷水にとっ
て急冷し、ざるに上げて水気をき
る。ボウルに入れてブランデーを
ふり、オレンジの身を加える。マ
ヨネーズ、ケチャップ、ウスター
ソース、タバスコを加えてあえる。

2 カクテルグラスの底にエンダイブ
を詰め、トレヴィスと**1**を盛り、
アボカドを添え、オレンジの皮と
イタリアンパセリを散らす。

定番のおつまみにフルーツを加えて香りと甘みも楽しむ

小えびとアボカドのカクテル

Cocktail di gamberetti e avocado

Note
えびのカクテルは昔からある有名料
理。レストランではパーティのとき
などに、食前酒のおつまみとしてよ
く供されます。

ケイパーやオリーブ油を使うとあっという間にイタリア風

サーモンのタルタル

Tartara di salmone

Carmine's

Advice

生肉を細かなミンチにしたものをタルタルといって、本来は牛肉で作るんだ。ロンドンのレストランでサーモンのタルタルを食べたらおいしかったので、オリーブ油やケイパーを加えてイタリア風にしてみたんだ。

バタートーストといっしょに食べるとおいしいよ。

準備
＊ケイパーとディルはみじん切りに。
＊万能ねぎを小口切りにする。

1 サーモンを薄く切り分け、包丁で少し粘りが出るまで細かくたたく。

2 ボウルに**1**とケイパー、ディル、万能ねぎを入れ、マスタード、レモン汁、オリーブ油、塩、こしょうを加えてスプーンで練り混ぜる。

3 2本のスプーンで紡錘形に丸め、皿に盛る。レモンとつけ合わせを添え、仕上げ用オリーブ油をふる。

材料（2人分）
サーモン（切り身）…160ｇ
ケイパー…15ｇ
ディルの葉…2〜3枝分
万能ねぎ…2本
マスタード…小さじ½
レモン汁…¼個分
E.V.オリーブ油…大さじ1
塩、こしょう…各適量
レモン（輪切り）…2枚
仕上げ用E.V.オリーブ油…少量
つけ合わせ
　エンダイブ、トレヴィス、マッシュルーム、トマト、アボカド…各適量

定番の組み合わせで作るさわやかな夏向きサラダ

たこと野菜のマリネサラダ

Insalata di polpo con patate

1 たこを5mm厚さの輪切りにする。

2 赤玉ねぎとトマト以外の準備した野菜と1、黒オリーブをボウルに入れ、白ワインヴィネガー、オリーブ油、オレガノ、塩、こしょうを加えて混ぜ合わせ、冷蔵庫で1時間マリネする。

3 皿に盛り、トマトとバジリコ、赤玉ねぎを添える。

準備

＊たこはまるごと25〜30分ゆでる。ゆで汁につけたまま、流水にしばらくさらす。

＊じゃがいもは1cm角に切って水にさらし、柔らかくゆでてざるに上げる。

＊さやいんげんはゆで、水にさらして3cm長さに切る。

＊きゅうりはところどころ皮をむき、縦に4等分して、1cm幅に切る。

＊パプリカは1cm角に切る。

＊赤玉ねぎは薄切りにして水にさらす。

＊トマトはくし形切りにする。

材料（2〜3人分）

たこ…160g

じゃがいも…大1/2個

さやいんげん…6本

きゅうり…1本

パプリカ（赤、黄）…各1/4個

黒オリーブ（塩水漬け）…40g

白ワインヴィネガー…大さじ1

E.V.オリーブ油…30〜40ml

オレガノ（ドライ）…ひとつまみ

塩、こしょう…各適量

赤玉ねぎ…1/4個

トマト…1/4個

バジリコ…適量

Carmine's

Advice

イタリアではたことじゃがいもの組み合わせは定番なんだ。たこはしっかりゆでること。もし、ゆでだこを買ってきたとしても、15分くらいはゆでると味が入りやすく、おいしくできるよ。

脂ののったサーモンを酸味の強いソースでさっぱりと

サーモンのマリネ レモンソース

Salmone marinato con salsetta al limone

準備
＊エシャロットはみじん切りにする。

1 サーモンをバットに入れる。ボウルに砂糖、塩、こしょうを混ぜ合わせ、手でサーモンの両面に塗りつける。ラップで包み、冷蔵庫で一晩マリネする。

2 包丁で調味料をきれいにこそげ落とす。オリーブ油を塗り、ディルの葉（飾り用に少しとっておく）を散らして端からごく薄くそぎ切りにし、皿に広げながら盛る。冷蔵庫に1時間おく。

3 ボウルにレモンソースの材料を入れ、泡立て器でかき混ぜる。サーモンの上に点々とたらし、エシャロットとディルの葉を散らす。

材料（2人分）
サーモン（刺し身用さく）…160 g
砂糖…50 g
塩…50 g
こしょう…少量
E.V.オリーブ油…10 ㎖
ディルの葉…2枝分
エシャロット…20 g
レモンソース
「 レモン汁…¼個分
　 E.V.オリーブ油…25 ㎖
└ マスタード、塩…各適量

Note
脂のたっぷりのったサーモンは、生で食べてこそおいしい素材。ノルウェー産サーモンはトロのようでおすすめです。スモークサーモンを使うと、マリネする必要はありません。

ピリッと辛みをきかせた南イタリアの定番料理

カラブリア風サラダ
Gamberetti e broccoli alla calabrese

準備
＊ブロッコリーは小房に分け、さっと塩ゆでし、ざるにとって水気をきる。
＊むきえびはさっと塩ゆでし、ざるにとって水気をきる。
＊バゲットはトーストし、にんにくの切り口をこすりつける。

1 フライパンにオリーブ油とにんにく、赤唐辛子をいっしょに入れて熱し、香りを出す。

2 ブロッコリーを加えて炒め、ブロード、むきえびを加える。ふたをして2分ほど煮てブロッコリーの味をなじませる。皿に盛り、バゲットを添えてオリーブ油をかける。

材料（2人分）
むきえび…120g
ブロッコリー…100g
にんにく（つぶす）…2片
赤唐辛子…2本
E.V.オリーブ油…60㎖
ブロード（→P.157。または湯）…60㎖
塩…適量
バゲット（1㎝厚さ）…4枚
にんにく（半割り）…½片
仕上げ用E.V.オリーブ油…適量

Carmine's Advice
僕の故郷のカラブリアでは、ブロッコリーをたっぷりの赤唐辛子で炒めてよく食べるんだ。ブロッコリーのゆで具合が味を左右するから、くれぐれもゆですぎないようにね。

22

ドレッシング
Condimento

材料
白ワインヴィネガー…20㎖
E.V.オリーブ油…100㎖
塩、こしょう…各少量
オレガノ（ドライ）、フェンネル
シード（パウダー）…各少量

イタリアではドレッシングを
作ってストックしておくとい
う考え方はないんだ。食べる
ときに、オリーブ油やヴィネ
ガーをふりかけて食べるのが
一般的だからね。でもこのド
レッシングは万能だから、多
めに作って保存しておくと便
利だよ。オレガノとフェンネ
ルシードは好みで他のスパイ
スに替えてもOK。ごくシン
プルに作るなら、塩とこしょ
うのみでもいいよ。

1 オリーブ油以外の材料を、
すべてボウルに入れる。
泡立て器でかき混ぜて塩、
こしょうを溶かす。

2 オリーブ油を一気に加え、
泡立て器でよくかき混ぜ
てヴィネガーと油を乳化
させる。

帆立のスライスをソテーして花びらのように並べて美しく

帆立貝柱とマッシュルームの温製サラダ
Insalata di capesante calde e funghi

準備
＊ルーコラは3㎝幅にざく切りし、皿
に敷いておく。
＊帆立貝柱は横半分に切る。
＊マッシュルームはごく薄切りにする。

1 帆立貝柱に塩、こしょうをふる。
フライパンにオリーブ油とバター
を熱して両面を軽くソテーする。
ルーコラの上に花びら状に盛る。

2 同じフライパンでマッシュルーム
をさっとソテーし、塩、こしょう
する。帆立貝柱の上に盛り、ドレ
ッシングをかける。

材料（2人分）
帆立貝柱…6個
マッシュルーム…5 ～ 6個
ルーコラ…16枚
E.V.オリーブ油…30㎖
バター…20g
ドレッシング（左記参照）
…40～50㎖
塩、こしょう…各適量

Carmine's Advice

帆立貝柱はさっと火を通すと
甘みが出ておいしいんだ。ソ
テーするときは表面はカリッ
と内側は完全に火を通さず生
っぽさを残すのがコツ。フッ
素樹脂加工のフライパンなら
きれいにソテーできるよ。

作りおきした白いんげん豆と
いかのリッチで手軽な料理

いかと
白いんげん豆の
温製サラダ

**Insalata di calamari,
fagioli e rucola**

準備
＊ルーコラはざく切りにする。
＊トマトは1cm角に切る。
＊やりいかは胴を1cm幅の輪切りにし、
足は一口大に切る。
＊ゆでた白いんげん豆は温めておく。

1 ルーコラとトマトをボウルに入れ、
白いんげん豆と塩、こしょうを合
わせる。

2 鍋に湯を沸かして塩を加えていか
をさっとゆで、ざるにとって水気
をよくきる。

3 温かいうちに**1**のボウルに加え、
オリーブ油とバルサミコ酢を加え
てあえる。

材料（2〜3人分）
やりいか（下処理したもの）
　…100g
白いんげん豆（ゆでたもの。
　→P.25）…160g
トマト…½個
ルーコラ…ふたつかみ
E.V.オリーブ油…50ml
バルサミコ酢…大さじ2
塩、こしょう…各適量

Carmine's **Advice**
ポイントは、いかといんげん豆
が温かいうちにあえること。こ
うするとオリーブ油とバルサミ
コ酢の味がよくしみ込んでおい
しくなるよ。

24

白いんげん豆のゆで方

a

b

c

1 ボウルか鍋に乾燥の白いんげん豆を入れ、豆の高さより2cmほど上まで水を加える。このまま一晩おいてもどす。

2 豆をざるにとって水をきり、深鍋に入れる。新たに水を豆の上5〜6cmを目安に加える。皮つきのにんにく、ローズマリー、オリーブ油、塩、こしょうを加える。

3 強火にかけ、沸騰したら弱火にする（写真a）。落としぶた代わりにアルミ箔1枚をのせ、鍋のふたをして煮込む。かき混ぜたりせず、静かに煮込む。

4 指でつまんで、簡単につぶれるまで柔らかくなっていればでき上がり（写真b）。

保存 にんにくとローズマリーもいっしょに、ゆで汁ごと容器に移す。使う分だけ少量のゆで汁とともに取り出す。冷蔵庫に入れておけば3〜4日間は保存可能（写真c）。

材料
白いんげん豆（乾燥）…500g
にんにく（皮つき）…2片
ローズマリー（たこ糸で縛る）…2枝
E.V.オリーブ油…75mℓ
塩…大さじ1
こしょう…適量（30回こしょうひきを回す）

> 豆を煮るときはあせらずゆっくりと。くずれるくらい柔らかくしたほうがおいしいよ。煮込み時間は豆の乾燥度や季節の水温差で大きく変わるけど、1〜2時間を目安に。

例えばこんな使い方も

白ワインとよく合う大型クロスティーニ

白いんげん豆とからすみのクロストーネ
Crostone con fagioli e la bottarga

材料（2〜3人分）
パン・ド・カンパーニュ（1cm厚さ）…2枚
にんにく（半割り）…1片
白いんげん豆（ゆでたもの）…200g
からすみ（粉末）…小さじ2
イタリアンパセリ（みじん切り）…少量
E.V.オリーブ油…適量
塩、こしょう…各適量

1 パンを網で両面焼き、にんにくの切り口をこすりつける。3等分して皿にのせ、塩、こしょう、オリーブ油をかける。

2 白いんげん豆を山盛りにし、からすみとイタリアンパセリをふる。

しっかり炒めて野菜の甘さを存分に引き出す

カポナータ
Caponata

準備
＊野菜はすべて1cm角に切る。

1 鍋にオリーブ油60mℓを温め、玉ねぎを中火で縁が色づくまでじっくり炒め、なすとオリーブ油20mℓを加えてよく炒め続ける。

2 セロリ、パプリカ、ズッキーニを加え、炒め続ける。

3 **2**が色づいてきたら、トマトを加えて弱火で10分ほど炒める。

4 バジリコの細切りを入れて混ぜ、塩、こしょうで味をととのえる。器に盛り、バジリコを飾る。

材料（4人分）
玉ねぎ…中1個
なす…大1個
セロリ…½本
パプリカ（赤、黄）…各½個
ズッキーニ…1本
トマト…1個（約250g）
バジリコ（細切り）…4枚
E.V.オリーブ油…80mℓ
塩、こしょう…各適量
飾り用バジリコ…適量

Carmine's
Advice
野菜の甘みを十分に引き出すために、とにかくよく炒めよう。特に玉ねぎとなすには油を十分吸わせると格段においしくなるよ。トマトは水分がすぐにとんでしまうので、火を弱めてつぶれないように注意してね。

いいだこといえば、トマトで煮込むナポリ風が定番

いいだこのトマト煮

Moscardini affogati

1 小鍋にオリーブ油50㎖、にんにく、赤唐辛子を入れて香りを出し、ホールトマトとバジリコ、塩を入れ、軽く煮る。

2 フライパンにオリーブ油30㎖を熱し、いいだこを強火でソテーする。表面が固まったらざるにあけ、汁気をきる。

3 1に2を入れ、ひたひたまで水を加え、強火にかける。沸騰したら鍋をおおうようにアルミ箔をかぶせ、周囲をたこ糸で縛って密閉し、中心に楊枝で穴を1つあける。弱火にして40分煮込む。器に盛ってイタリアンパセリをふり、バゲットを添えてオリーブ油をかける。

準備
＊バゲットは軽くトーストし、にんにくの切り口をこすりつける。

Carmine's

Advice
日本のいいだこは水分がちょっと多いので、最初に炒めて余分な水分を出して、表面を固めるといいよ。

時間をかけて柔らかく煮ることがポイント。できるだけ小さな鍋を使って、アルミ箔で密閉して煮るとおいしくできるよ。

材料（3～4人分）
いいだこ…500ｇ
にんにく（つぶす）…1片
赤唐辛子…2本
ホールトマト（缶詰）…150ｇ
バジリコ（細切り）…2～3枚
E.V.オリーブ油…80㎖
塩…少量
イタリアンパセリ（みじん切り）
　…少量
バゲット（1㎝厚さ）…4枚
にんにく（半割り）…½片
仕上げ用E.V.オリーブ油…適量

切って並べてオーブンに入れるだけ、の簡単料理

いわしと野菜のオーブン焼き

Composizione di salde e verdure al forno

1 耐熱容器にズッキーニ、じゃがい
も、トマト、いわしを交互に並べ
る。オリーブ油とオレガノ、塩、
こしょうをふり、200℃のオーブ
ンで10〜15分焼く。

2 皿に盛ってイタリアンパセリをふ
り、チコリとトレヴィスを添える。

準備
＊いわしは三枚におろし、2等分する。
＊トマトは1cm厚さに切る。ズッキー
ニは2mm厚さの輪切りにし、8枚用意
する。じゃがいもは皮をむき、同様に
2mm厚さのスライスを8枚用意する。
＊オーブンを200℃に予熱する。

材料（2人分）
いわし…2尾
トマト…½個
ズッキーニ…⅛本
じゃがいも…¼個
E.V.オリーブ油…15㎖
オレガノ（ドライ）…少量
塩、こしょう…各適量
イタリアンパセリ（みじん切り）
…少量
チコリ、トレヴィス…各適量

Carmine's
Advice
香りづけはオレガノに限らず、
ローズマリーやタイムもおす
すめ。焼きたてのあつあつだ
けでなく、冷めてからでもお
いしいよ。

表面カリッ、中はとろーりが理想のチーズ料理

スカモルツァチーズのソテー アンチョビソース、ルーコラ添え

Scamorza al forno su letto di rucola alle acciughe

Carmine's Advice

スカモルツァチーズは弾力があるチーズで、モッツァレッラチーズと同じタイプ。両面をカリカリに焼き、薄膜を楽しむんだ。チーズがくっつくからフッ素樹脂加工のフライパンを使うのがおすすめ！

準備

＊ルーコラはざく切りにして皿に敷く。
＊バゲットは軽くトーストし、にんにくの切り口にこすりつける。

1 フライパンにオリーブ油を熱し、スカモルツァチーズを片面1～2分ずつ、両面焼き、皿に盛る。

2 同じフライパンにソース用のオリーブ油、にんにく、アンチョビを入れて弱火でアンチョビがくずれるように炒め、香りが立ったら白ワインヴィネガーとイタリアンパセリを加えて**1**にかけ、バゲットを添えてオリーブ油をかける。

材料（2人分）

スカモルツァチーズ…160g
E.V.オリーブ油…30㎖
ソース
┌ にんにく（みじん切り）
　　…小さじ½
│ アンチョビ（フィレ）…2～3枚
│ イタリアンパセリ（みじん切り）
　　…ふたつまみ
│ 白ワインヴィネガー…大さじ2
└ E.V.オリーブ油…大さじ1⅓
ルーコラ…適量
バゲット（1㎝厚さ）…4枚
にんにく（半割り）…½片
仕上げ用E.V.オリーブ油…適量

控えめなにんにくの香りが
食欲をそそる

トマトの
ブルスケッタ
Bruschetta al pomodoro

材料（4個分）
バゲット（1㎝厚さ）…4枚
にんにく（半割り）…1片
トマト…大1個
バジリコ（細切り）…3枚
オレガノ（ドライ）…少量
E.V.オリーブ油…15～20㎖
塩、こしょう…各適量

準備
＊トマトは1㎝角に切る。

1 バゲットをカリッと焼き、にんにくの切り口でこする。オリーブ油を塗り、塩、こしょう、オレガノをふる。

2 1にトマトとバジリコをのせる。

チーズとアンチョビをのせるだけのお手軽おつまみ
モッツァレッラとアンチョビの
クロスティーニ
Crostini alla romana

準備
＊バゲットをオーブンで軽く焼く。
＊モッツァレッラチーズは4枚の薄切りにする。
＊オーブンを200℃に予熱する。

材料（4個分）
バゲット（1㎝厚さ）…4枚
モッツァレッラチーズ（125ｇのもの）…½個
アンチョビ（フィレ）…4枚
オレガノ（ドライ）…少量
E.V.オリーブ油…少量

1 トーストしたバゲットにモッツァレッラチーズとアンチョビをのせ、オレガノをふる。

2 オーブンでチーズが溶けるまで5～6分焼き、取り出してオリーブ油をかける。

Note
薄切りのパンにトッピングをのせたカナッペをクロスティーニといいます。トスカーナ地方では前菜＝クロスティーニというほど欠かせない一品。最初に紹介したブルスケッタとは、トーストしたパンににんにくをこすりつけたもの。南部ではこれにトマトの角切りをのせてクロスティーニにすることが多く見られます。

Carmine's

鶏レバーはフードプロセッサーにかけるとき、粒々が少し残るくらいにすると、レバーのうまみが生きてくるよ。

Advice

香草はフレッシュな香りを楽しみたいので、火を止めてから混ぜるといいよ。きのこはどんなものを使ってもOK。

鶏レバー

きのこ

数種のきのこを使って風味豊かに
きのこのクロスティーニ
Crostini ai funghi

材料（10個分）
バゲット（1㎝厚さ）…10枚
生しいたけ…4枚
本しめじ…½パック
にんにく（つぶす）…½片
赤唐辛子…½本
玉ねぎ…¼個
トマト…1個
香草（タイム1〜2枝　バジリコ2枚　セージ1〜2枚）
E.V.オリーブ油…65㎖
バター…15g
パセリ（みじん切り）…少量
塩、こしょう各適量

準備
＊しいたけとしめじは石づきを取りみじん切りにする。
＊玉ねぎはみじん切りにする。
＊トマト1㎝角に切る。
＊香草はみじん切りにする。

1 鍋にオリーブ油、にんにく、赤唐辛子を熱し、にんにくがこんがりしたら取り出して玉ねぎを炒める。しんなりしたらきのこを炒め、トマト、塩、こしょうを加え、10分ほど煮る。仕上げにバターを加えて火を止め、香草を混ぜる。
2 バゲットをカリッと焼き、きのこペーストをのせてパセリをふる。

ハーブと香味野菜がきいたレバーペーストをたっぷり
鶏レバーのクロスティーニ
Crostini di fegatini

準備
＊鶏レバーは2〜3㎝大の乱切りに。
＊野菜は1㎝角に切る。

材料（10個分）
バゲット（1㎝厚さ）…10枚
鶏レバー…250g
にんにく（つぶす）…½片
にんじん…30g
玉ねぎ…35g
セロリ…35g
セージ…2枚
ケイパー…20g
赤ワイン…45㎖
ブロード（→P.157。または水）…100㎖
E.V.オリーブ油…40㎖
バター…15g
パセリ（みじん切り）…少量
塩、こしょう…各適量

1 フライパンにオリーブ油とにんにくを熱し、にんにくが色づいたら取り出す。野菜とセージを入れ、あめ色になるまで炒める。鶏レバーを加えて炒め、赤ワインを加えてアルコール分をとばし、ブロード、塩、こしょうを加えて10分煮込む。バターとケイパーを加える。
2 フードプロセッサーに入れて回し、粒々が残るくらいで止める。
3 バゲットをカリッと焼き、レバーペーストを盛ってパセリをふる。

柔らかめに揚げるイタリア風てんぷら

ズッキーニのフリット
Zucchini fritti

準備
＊ズッキーニは長さを半分に切り、縦に2等分し、それぞれをさらに縦に4等分する。

1 揚げ油を180℃に温める。
2 ボウルに卵をほぐし、ズッキーニを入れて混ぜる。薄力粉を加え、手でもんであえ、水を少量加えてころもの柔らかさを調整する。
3 手でばらしながら揚げ油に入れ、ころもがうっすら色づくまで揚げる。途中、くっつかないようにときどき箸でかき混ぜる。イタリアンパセリは素揚げにする。油をきって皿に盛る。

材料 （2人分）
ズッキーニ…2本
卵…1個
薄力粉…40g
水…20 〜 30㎖
イタリアンパセリ…4枝
揚げ油…適量

Advice
ころもの柔らかさはてんぷらくらい。卵、ズッキーニ、粉、水の順に加えていくと失敗がないよ。ズッキーニは食べたときにぐにゅっとつぶれるくらいの柔らかさまでよく揚げると、うまみも香りも出てくるんだ。

薄くスライスして食感を楽しむサラダ

マッシュルーム、ルーコラ、グラーナチーズのサラダ
Insalata di funghi,rucola e grana

準備
＊マッシュルームはごく薄切りにする。

1 マッシュルームとルーコラをボウルに入れ、オリーブ油、レモン汁、塩、こしょうを加える。グラーナチーズの半量を薄く切って加え、軽く混ぜ合わせる。
2 皿に盛り、残りのグラーナチーズを薄く削ってのせる。

材料 （2人分）
マッシュルーム…大4個
ルーコラ…60g
グラーナチーズ…10g
E.V.オリーブ油…大さじ2
レモン汁…1個分
塩、こしょう…各適量

Advice
このサラダは必ず食べる直前にあえること。あえてから時間をおくと、ルーコラがしんなりしておいしくないんだ。

ワインヴィネガーのこくがアクセントに

温製ズッキーニサラダ

Zucchini lessi

準備
＊ズッキーニは3mm厚さの輪切りに。

1 沸騰した湯に塩を加え、ズッキーニを完全に火が通るまでゆでる。ざるに上げて水気をきり、ボウルに入れる。
2 1に赤ワインヴィネガー、オリーブ油、塩、こしょうを加え混ぜる。
3 皿に盛ってオレガノをふる。あれば枝つきのオレガノを添える。

材料（2人分）
ズッキーニ…2本
赤ワインヴィネガー…15㎖
E.V.オリーブ油…50㎖
オレガノ（ドライ）…少量
塩、こしょう…各適量

Advice
ズッキーニは淡泊なので、白よりこくがあって香りの強い赤ワインヴィネガーを使うといいよ。

チーズと生クリームでクリーミーに仕上げる

じゃがいものグラタン

Tortino di patate

準備
＊じゃがいもは皮をむいて水にさらし、ふきんで水気を拭く。約3mm厚さの輪切りにする。
＊オーブンを180℃に予熱する。

1 グラタン皿などの耐熱容器に、じゃがいもを斜めに少しずつずらしながら並べる。バターを小さくちぎって散らし、生クリームをかけ、塩、こしょう、チーズをふる。
2 オーブンで約20分焼く。皿に盛ってイタリアンパセリのみじん切りをふる。

材料（2人分）
じゃがいも…2個（皮をむいて200g）
バター…20g
生クリーム…120㎖
グラーナチーズ（粉末）…15g
塩、こしょう…各適量
イタリアンパセリ（みじん切り）…ひとつまみ

Note
これはよく肉の煮込みやローストなどのつけ合わせにします。こくがあって、これだけ食べても十分おいしい。

白いんげん豆を味わう素朴なトスカーナ料理

白いんげん豆のトマト煮

Fagioli all'uccelletto

1 鍋にゆでた白いんげん豆とオリーブ油、にんにく、赤唐辛子、セージを入れ、にんにくが色づくまで熱する。

2 ホールトマトを加え、つぶしながらさっと炒め、塩をふる。かき混ぜてブロードを加える。沸騰させたのち、弱火にして約15分煮込む。

3 水分がほとんどなくなったら皿に盛り、オリーブ油少量（分量外）とイタリアンパセリをふる。

材料（2人分）
白いんげん豆（ゆでたもの。
　→P.25）…160g
にんにく（つぶす）…½片
赤唐辛子…½本
セージの葉…2枚
ホールトマト（缶詰）…80㎖
E.V.オリーブ油…40㎖
ブロード（→P.157。または水）
　…30～40㎖
塩…適量
イタリアンパセリ（みじん切り）…ひとつまみ

バターの風味をたっぷり含んだ柔らかなソテー

ほうれん草のバターソテー

Spinaci al burro

1 ほうれん草は柔らかく塩ゆでし、水にさらしてよく冷ましてから手で固く絞る。

2 フライパンにバターを溶かし、1を入れてぎゅっと押さえながら炒め、塩、こしょう、レモン汁で味をととのえる。

3 皿に盛り、レモンを飾る。

材料（2人分）
ほうれん草…2束
バター…40g
塩、こしょう…各適量
レモン汁…¼個分
飾り用レモン…⅛個

Advice

バターは決して焦がさないように。溶け始めてかたまりがまだ残っているうちにほうれん草を入れるといいよ。大きめのスプーンで、ぎゅっと押さえながら炒めて、ほうれん草にバターのうまみと香りを含ませるのがポイント。

柔らかくゆでてピリッと辛く仕上げる
ほうれん草のにんにく風味
Spinaci all'aglio

準備
＊赤唐辛子は種を取り出して、3mm幅に切る。

1 ほうれん草は柔らかく塩ゆでする。水にさらしてよく冷やしてから、手で固く絞る。
2 ボウルに1、にんにく、赤唐辛子、オリーブ油、塩を入れて混ぜ合わせる。
3 皿に盛り、トレヴィスを添える。

材料（2人分）
ほうれん草…2束
にんにく（つぶす）…2片
赤唐辛子…1本
E.V.オリーブ油…40ml
塩…適量
トレヴィス…少量

Note
「ほうれん草のバターソテー」と同様、セコンドピアットのつけ合わせにも向いています。赤唐辛子をそのまま入れますが、火を通さないため、さわやかな辛みで肉料理の合間にもいいでしょう。

オーブンでほくほくに焼き上げる定番の味
じゃがいものロースト
Patate arrosto

準備
＊じゃがいもは皮をむき、2〜3cm角に切る。水にさらしてからふきんで水気を取り、沸騰した湯に塩を加え、やや堅めにゆでる。
＊オーブンを200℃に予熱する。

1 にんにくとオリーブ油をフライパンに入れ、熱して香りを出す。ちぎったローズマリーの葉とじゃがいも、イタリアンパセリを入れてさっと炒め合わせる。
2 1を耐熱容器に移し、オーブンに入れ、ときどき返しながらこんがり焼き色がつくまで15〜20分焼く。皿に盛って、ローズマリーを飾る。

材料（2人分）
じゃがいも…2個
にんにく（つぶす）…1片
ローズマリー…1枝
イタリアンパセリ（みじん切り）…ひとつまみ
E.V.オリーブ油…大さじ2
塩…適量
飾り用ローズマリー…1枝

Advice
じゃがいもの下ゆではパスタと同じように、たっぷりの塩を加えるのがポイント。完全に柔らかくしないで、楊枝を刺してちょっと抵抗を感じるくらいの堅さにしておくと焼き上がりがちょうどいいよ。

Antipasto misto

レストラン気分を
おうちで楽しむ

「アンティパストミスト」とは、イタリア語で前菜の盛り合わせのこと。レストランでは一皿でいろいろ楽しめるので人気ですが、おうちでは何種類も準備して盛り合わせるのは、大変手間がかかります。

そもそもアンティパストミストは、レストランでも定番メニューではありませんでした。昔は調理場の設備がよくないうえ、複雑な料理も多く、注文を受けてからでき上がるまでかなり時間がかかりました。そこで、調理場ではなくホール担当のカメリエーレ（ウェイター）が、お客さまが食事を始める前のつなぎにスプマンテ（発泡性ワイン）片手につまめるものをと、準備していたものでした。例えば生ハムや塩漬けのものと盛り合わせるなど、ドリンクの準備といっしょにパパッとできる程度のものです。今はパパッとできる程度のものです。今は調理場の設備も整い、食生活が豊かになったことから調理場でシェフが作るようになり、手の込んだアンティパストが増え、数種を盛り合わせるようになったのです。

さて、そんなアンティパストミスト。おうちでもパパッと準備できるんですよ！ ポイントは市販のイタリア食材（瓶詰やオリーブ油漬けなど）を使用すること。もちろん自家製の保存食を合わせてもOKです。試してみてください。くれぐれも手をかけずにね。

おうちではこんな
取り合わせを

（左下から時計回りに）
● **モッツァレッラとトマト**
モッツァレッラチーズとトマトは7〜8mm厚さに切り、1枚を半分に切る。トマトの上にモッツァレッラをのせて塩、こしょうをし、バジリコをのせてオリーブ油をかける。
● **生ハム**
● **アーティチョークのオイル漬け**
● **酢漬けのひしこいわしのマリネ**
酢漬けのひしこいわし2枚にイタリアンパセリとにんにくのすりおろしを少々加え、オリーブ油を適量ふりかけてさっと混ぜて2〜3分おく。皿に盛り、黒オリーブの薄切り2枚を飾る。
● **サーモンマリネ**
スモークサーモンをオリーブ油に10分ほど漬けておく。ディルを添える。
● **オリーブの実**

肉、魚介、チーズ、野菜を偏らないように盛り合わせる。酸味のあるものを1種入れると食べすぎることなく、あとに続く食事をおいしくいただける。

Primo Piatto

第2章

やっぱり、大人気のパスタ！
プリモピアット

プリモピアットとは
第一の皿という意味。
その名のとおり、ここからが
本格的な食事の始まりです。
パスタやリゾットは、基本の作り方を
マスターすれば失敗なし！
カルミネシェフの直伝ソースにも
トライしてください。

トマトソースのシンプルなおいしさを味わう

スパゲッティ・ポモドーロ

Spaghetti al pomodoro

材料（2人分）
スパゲッティ…160ｇ
トマトソース（→P.39）…240㎖
バター…大さじ2
バジリコ…4〜5枚
グラーナチーズ（粉末）…大さじ1
仕上げ用グラーナチーズ（粉末）
　…適量
飾り用バジリコ…適量

準備
＊スパゲッティをゆでる湯を沸かし、
塩（分量外）を加える。

1 スパゲッティをゆで始める。
2 フライパンにトマトソース、バター、バジリコを入れて火にかけて2〜3分煮つめる（写真）。
3 ゆで上げたスパゲッティを**2**であえ、グラーナチーズを混ぜてトングで一気に器に盛る。グラーナチーズ（好みの量）をかけ、バジリコを添える。

このくらいまで煮つめておくと、スパゲッティにうまくからんでソースがお皿ににじみ出てこない。

しっかり煮つめてからスパゲッティをあえよう。お皿にソースがにじみ出ていなければ大成功。

Carmine's

Advice
これは一番シンプルなトマトソースのパスタ。トマトソースがおいしくできていれば、失敗しないよ。

カルミネ直伝

トマトソース
Salsa di pomodoro

おいしく作る **ポイント**

✱ しっかり煮込むためにはホールトマト1kg以上で作る。
✱ 野菜をオリーブ油でしっかり炒めて甘みを出す。
✱ トマトをじっくりと煮込んでうまみを凝縮させる。

材料
ホールトマト（缶詰）…1kg
にんじん、玉ねぎ、セロリ
　　…各65g
バジリコ…2枝
E.V.オリーブ油…90㎖
塩、こしょう…各適量

5 野菜こし器に少しずつ入れてこす。ミキサーにかけてもよい。

3 バジリコ、塩、こしょうを加えて、全体をかき混ぜる。

6 なめらかなトマトソースのでき上がり。

4 20分ほど軽く沸騰させながら煮込む。

トマトソースは2種類あります

トマトソースには次の2タイプあります。香味野菜といっしょに時間をかけて煮込むもの（A）と、にんにくとバジリコのみでさっと煮るもの（B）。Aタイプは甘みとこくのあるマイルドな味で、肉や魚など幅広い料理に使えます。Bタイプはごく短時間で1人分から作れますが、パスタにしか合いません。ここで紹介しているのはAタイプ。一度に大量に作っても、余ったら冷凍保存でき、いろいろな料理に使えるので便利です。ホールトマト1缶分で作るなら、にんにくとバジリコでBタイプに仕上げるのがおすすめです。

1 にんじん、玉ねぎ、セロリを乱切りにする。鍋にオリーブ油を熱して、野菜をしんなりするまで炒める。

2 ホールトマトを加え、木べらで混ぜ合わせて野菜となじませる。

スパゲッティのゆで方

1 鍋に水5ℓを入れ、沸騰させる。鍋はできるだけ深さのあるものを使い、水面がボコボコと沸き立つまで完全に沸騰させる。

2 塩70gを加える。

3 スパゲッティをばらしながら、斜めに立てかけるようにして入れる。水面上に出ている麺の端を軽く押さえながら、徐々に湯に沈めていく。

4 フォークで軽くかき混ぜて均等にほぐす。火加減は沸騰を保つ程度に。ふきこぼれるほど強く沸騰させると、麺の表面がくずれ、べたべた感が出てしまう。

5 ゆで時間は、製品に書いてある時間を目安に歯ごたえのある堅さにゆで上げる。フォークですくったときにU字形にしなやかに曲がればOK。試しに1本かんで確認するとよい。

おいしくゆでる3つのポイント

✱ 大きな鍋にたっぷりの水をはる

1人分（80g）をゆでるときでも3ℓ、3～4人分なら5ℓ。水の量が少ないとスパゲッティを入れたときに温度が下がり、再沸騰するまでに時間がかかって麺どうしがくっつきやすく、よい状態にゆで上がらない。

✱ 塩をしっかりきかせる

塩分濃度は水の1％が適量といわれているが、それよりもやや多めに入れたほうがしっかり塩味がつき、麺がしまってほどよいアルデンテにゆで上がる。

✱ 歯ごたえのあるアルデンテにゆでる

スパゲッティの太さはお好みで。製品に書いてあるゆで時間を目安に、歯ごたえのある堅さにゆで上げる。1本かんでみて確認。

パスタのゆで汁ってソースに必要？

よく、ソースにパスタのゆで汁を加えて…というレシピがあります。でも何にでも加えればいいというわけではありません。ゆで汁を必要とするのは、ソースに水分がたりず、パスタにうまくからまないときだけ。水分の十分あるソースにゆで汁を加えると、水っぽくなっておいしくありません。パスタは日本の麺と違って、すするものではなく、かんで味わうもの。だから、ソースがしっかりからんで、食べ終わったあとお皿に水分が残らないのが、正解なのです。

スパゲッティとソースの
あえ方&盛りつけテクニック

せっかくおいしく作ったソースとゆで上げたパスタ。
あえ方や盛りつけで台なし、なんてことのないように、プロのテクニックを習いましょう。
簡単なことなのに断然おいしく仕上がりますよ。

✳ トングで1人分をつかむ

トングを使うとまとまりがよく、冷めにくい。1人分を一気に盛れるので、皿も汚れずきれいに仕上げられる。皿は直径24cm前後で、深さのあるものを用意する。盛りつけたときまわりに余白ができると、プロっぽくおいしそうに見える。

✳ トングをひねりながら
中央に一気に盛る

トングでつかんだ1人分を、すばやく皿の中央におき、手首をひねりながらそっとトングからはずすと、小高くきれいに盛り上がった状態になる。ショートパスタの場合はソースとあえるときフライパンをあおると、ひとまとまりになって盛りつけやすい。

✳ タイミングを合わせる

ソースのできるタイミングとスパゲッティをゆで上げるタイミングを合わせる。どちらもでき上がったままおいておくと、余計に火が入りすぎる。ソースを温めなおすときは、パスタのゆで上がる時間を逆算して温め始めるとよい。

✳ スパゲッティに
ソースをしっかりからめる

フライパンのソースにスパゲッティを移したら、手早くソースをからめる。フライパンをあおりながら、ソースが完全にスパゲッティにからみついた状態にする。ソースが水っぽくしみ出しているのはNG。

パンチェッタは弱火でじっくり炒めてうまみを出す

スパゲッティ・アマトリチャーナ

Spaghetti all'amatriciana

準備

＊スパゲッティをゆでる湯を沸かし、塩（分量外）を加える。
＊パンチェッタは細い棒状に切る。
＊玉ねぎはスライスする。

1 スパゲッティをゆで始める。
2 フライパンにオリーブ油を熱し、パンチェッタをカリカリになるまで炒める。玉ねぎを加え、混ぜながら炒める。トマトソースを加えて1分ほど煮つめる。
3 ゆで上げたスパゲッティを2であえ、皿に盛る。ペコリーノチーズをおろしながらふる。

材料（2人分）

スパゲッティ…160ｇ
パンチェッタ（またはブロックのベーコン）…60ｇ
玉ねぎ…約½個
E.V.オリーブ油…20㎖
トマトソース（→P.39）…220ｇ
ペコリーノチーズ…少量

怒りながら食べるといわれているほど辛い辛いパスタ

スパゲッティ・アラビアータ

Spaghetti all'arrabbiata

準備
＊スパゲッティをゆでる湯を沸かし、塩（分量外）を加える。

1 スパゲッティをゆで始める。

2 フライパンにオリーブ油を入れて中火にかける。温まったら赤唐辛子を2つにちぎって入れ、わずかに黒ずんで香りが出るまでフライパンを動かしながら熱する。

3 にんにく、イタリアンパセリを加え、にんにくが色づくまで熱し、トマトソースを加えて2～3分煮つめる。

4 ゆで上げたスパゲッティを**3**であえて皿に盛り、パセリをふる。

材料（2人分）
スパゲッティ…160g
トマトソース（→P.39）…240㎖
にんにく（みじん切り）…大2片分
赤唐辛子…3本
イタリアンパセリ（みじん切り）
　…大さじ1
E.V.オリーブ油…50㎖
パセリ（みじん切り）…適量

きこり風ペンネ

Penne alla tagliaboschi

準備
＊ペンネをゆでる湯を沸かし、塩（分量外）を加える。
＊生しいたけ、生ハムはみじん切りにする。

1 ペンネをゆで始める。

2 フライパンにオリーブ油と２つにちぎった赤唐辛子を入れて熱し、香りを出す。にんにく、イタリアンパセリ、生しいたけ、生ハムを加えて弱火で十分に炒める。

3 にんにくが色づいたら、トマトソースを加えて混ぜ合わせ、生クリームを加え混ぜる。

4 ゆで上げたペンネを**3**であえ、皿に盛ってイタリアンパセリをふる。

材料（2人分）
ペンネ…160ｇ
生しいたけ…4枚
生ハム…60ｇ
にんにく（みじん切り）…小さじ2
赤唐辛子…2～3本
イタリアンパセリ（みじん切り）
　…ふたつまみ
トマトソース（→P.39）…160ｇ
生クリーム…100㎖
E.V.オリーブ油…60㎖
仕上げ用イタリアンパセリ
　（みじん切り）…少量

Note
とても辛いアラビアータに生ハムと生しいたけを加えたこのパスタ。名前の由来は、イタリアでは調理場を掃除するときに木屑をまいてほうきで掃きますが、この木屑がごちゃごちゃ入った細かな生しいたけ、生ハムに似ているから。きこりに木屑はつきものだから「きこり風」なのです。

あさりは蒸し煮でうまみをしっかり出す

スパゲッティ・ボンゴレ・ロッソ
Spaghetti alle vongole e pomodoro

材料（2人分）
スパゲッティ…160g
あさり…16個
トマトソース（→P.39）…200㎖
にんにく（みじん切り）…大2片分
赤唐辛子…1本
イタリアンパセリ（みじん切り）
　…大さじ2
E.V.オリーブ油…50㎖
仕上げ用E.V.オリーブ油…適量
パセリ（みじん切り）…適量

準備
＊スパゲッティをゆでる湯を沸かし、塩（分量外）を加える。

1 スパゲッティをゆで始める。

2 フライパンにオリーブ油を入れて火にかける。赤唐辛子を2つにちぎって入れ、しばらく弱火で熱する。赤唐辛子がわずかに黒ずみ、香りが出てきたらにんにくとイタリアンパセリを加える。

3 にんにくが色づいてきたらトマトソースとあさりを入れ、ふたをして弱火のまま蒸し煮する。殻が開いたらふたを取り、弱火で2～3分煮つめる。水分が少なければスパゲッティのゆで汁を少量加える。

4 ゆで上げたスパゲッティを**3**であえ、器に盛ってオリーブ油とパセリをふる。

Carmine's
Advice
あさりのうまみたっぷりのボンゴレは、貝の殻が開いてから、あさりの汁とトマトソースをしっかり混ぜ合わせるのがポイント。

水分が少なければスパゲッティのゆで汁を加えたほうがいいんだけど、スプーンで1～2杯加えたら様子をみて、ゆるくなりすぎないよう気をつけてね。

アンチョビのうまみをたっぷり含んだほうれん草のソース

アンチョビとほうれん草の
スパゲッティ

Spaghetti con acciughe e spinaci

1 スパゲッティをゆで始める。

2 フライパンにオリーブ油、にんにく、赤唐辛子を入れて火にかけ、アンチョビを炒めながら溶かし、くるみとほうれん草を入れて炒める。スパゲッティのゆで汁50〜60㎖を加えて軽く煮て、塩、こしょうで味をととのえる。

3 ゆで上げたスパゲッティを**2**であえる。

準備
＊スパッゲッティをゆでる湯を沸かし、塩（分量外）を加える。
＊ほうれん草は半分に切り、柔らかく塩ゆでし、水にさらして固く絞る。
＊くるみはフライパンで軽くからいりし、細かく刻む。

材料（2人分）
スパゲッティ…160ｇ
ほうれん草…1束
アンチョビ（フィレ）…6枚
にんにく（つぶす）…2片
赤唐辛子…1本
くるみ…20ｇ
E.V.オリーブ油…60㎖
塩、こしょう…各適量

Note
アンチョビは、いわば西洋の塩辛。いわしが発酵によってうまみ成分いっぱいの素材になります。そのアンチョビとほうれん草は相性がよく、そのうえこの料理は簡単に作れます。柔らかいほうれん草に、くるみの食感がアクセントに。

にんにく唐辛子オイルにたこをプラスするだけの簡単パスタ

たこのスパゲッティ

Spaghetti al polpo

1 スパゲッティをゆで始める。

2 フライパンにオリーブ油、にんにく、半分にちぎった赤唐辛子を入れて熱し、香りを出す。

3 たこを入れて炒め、イタリアンパセリを加える。たこのゆで汁少量を加えて軽く煮つめ、塩、こしょうで味をととのえる。

4 ゆで上げたスパゲッティを3であえる。皿に盛ってオリーブ油（分量外）をたらす。

準備

＊スパゲッティをゆでる湯を沸かし、塩（分量外）を加える。

＊たこは30〜40分塩ゆでし（ゆで汁はとっておく）、水気をきって熱いうちに細かくみじん切りにする。ゆでだこの場合も同様に15分ほど塩ゆでし、同様に刻む。

材料（2人分）

スパゲッティ…160 g

たこ…100 g

にんにく（つぶす）…2片

赤唐辛子…1本

E.V.オリーブ油…60 ㎖

イタリアンパセリ（みじん切り）

　…少量

塩、こしょう…各適量

Carmine's Advice

生のたこが手に入らなければ、ゆでだこでもOK。たこはできるだけ細かく切ったほうが、スパゲッティとよくなじんでおいしくなるよ。

海の香りが口いっぱいに広がる具だくさんパスタ

めかじきとなすのスパゲッティ

Spaghetti con pesce spada e melanzane

1 なすは多めの油で炒めて油を吸わせる。スパゲッティをゆで始める。

2 フライパンにオリーブ油50㎖、にんにく、赤唐辛子、松の実を入れ、香りを出す。めかじきを加えてさっと炒める。

3 なす、トマトを加えて軽く炒める。イタリアンパセリとスパゲッティのゆで汁50〜60㎖を加え、1分ほど煮つめる。

4 塩、こしょうで味をととのえ、ゆで上げたスパゲッティをあえる。

準備
＊スパゲッティをゆでる湯を沸かし、塩（分量外）を加える。
＊めかじき、なす、トマトは1㎝角に切る。

Carmine's

Advice
なすは炒めてしっかり油を吸わせるけど、揚げたほうがよりたくさん油を吸っておいしくなるんだ。

材料（2人分）
スパゲッティ…160g
めかじき…100g
なす…中1個
トマト…140g
松の実…20g
にんにく（薄切り）…2片分
赤唐辛子…1本
イタリアンパセリ（みじん切り）…少量
E.V.オリーブ油…適量
塩、こしょう…各適量

南イタリア特産のいわしをくずしておいしいソースに

いわしのスパゲッティ

Spaghetti alle salde

....

準備
＊スパゲッティをゆでる湯を沸かし、塩（分量外）を加える。
＊いわしは三枚におろし、身を2〜3cm長さに切る。

....

1 スパゲッティをゆで始める。

2 フライパンにオリーブ油、にんにく、赤唐辛子を入れて熱し、香りを出す。いわしを加え、フォークでつぶしながら炒める。

3 ディルを入れて混ぜ、スパゲッティのゆで汁70〜80㎖を加えて軽く煮つめる。塩、こしょうで味をととのえる。

4 ゆで上げたスパゲッティを3であえる。皿に盛ってイタリアンパセリとオリーブ油（分量外）をふる。

材料（2人分）
スパゲッティ…160ｇ
いわし…120ｇ
にんにく（つぶす）…2片
赤唐辛子…1本
ディル…2本
イタリアンパセリ（みじん切り）
　…少量
E.V.オリーブ油…60㎖
塩、こしょう…各適量

Carmine's

Advice

イタリアではいわしのパスタにはパン粉を入れることが多いけど、ここではシンプルに仕上げて、いわしの持ち味を生かしたんだ。いわしはソースを作るような感じで、形がくずれるくらいにしっかりと炒めるといいよ。

具材に水分が少ないからスパゲッティのゆで汁を少し加えると、麺にからみやすくなるんだ。

ちょっと珍しい組み合わせ、でも相性はぴったり

いかとズッキーニのスパゲッティ

Spaghetti con calamari e zucchini

1 スパゲッティをゆで始める。

2 ズッキーニをさっとゆでる。ゆで汁もとっておく。

3 フライパンにオリーブ油、にんにく、赤唐辛子を入れて熱し、香りを出す。いかを加えて炒め、イタリアンパセリをふる。ズッキーニとゆで汁少量を加え、塩、こしょうで味をととのえる。

4 ゆで上げたスパゲッティを**3**であえる。

....

準備

＊スパゲッティをゆでる湯を沸かし、塩（分量外）を加える。

＊いかは3〜4mm幅に切る。足も使う。

＊ズッキーニは縦に2等分し、長さを半分に切り、縦長にスライスする。

....

Carmine's
Advice

いかとズッキーニをオリーブ油で炒めるだけだから、本当に簡単。大切なのはズッキーニのゆで汁を少し加えるところ。スパゲッティにからみやすくなる程度に少しずつ加えるといいよ。ゆで汁は全部捨ててしまわないように。

材料（2人分）

スパゲッティ…160g

やりいか（内臓を除いたもの）
…100g

ズッキーニ…1本

にんにく（つぶす）…2片

赤唐辛子…1本

イタリアンパセリ（みじん切り）
…少量

E.V.オリーブ油…40ml

塩、こしょう…各適量

グリーンオリーブたっぷりのさわやかな味わい

アスコリ風スパゲッティ

Spaghetti all'ascolana

準備

＊スパゲッティをゆでる湯を沸かし、塩（分量外）を加える。

＊トマトは1cm角に切る。

＊グリーンオリーブは粗みじんに切る。

材料（2人分）

スパゲッティ…160g

にんにく（みじん切り）…大さじ1

赤唐辛子…1本

アンチョビ（フィレ）…3枚

トマト…180g

グリーンオリーブ（種抜き）…16個

イタリアンパセリ（みじん切り）…少量

オレガノ（ドライ）…少量

E.V.オリーブ油…60㎖

塩…適量

1 スパゲッティをゆで始める。

2 フライパンにオリーブ油、にんにく、赤唐辛子を入れて熱し、アンチョビを炒めながらほぐす。

3 トマトを加えて1～2分炒め、イタリアンパセリ、グリーンオリーブ、オレガノを加えて炒める。

4 塩をふり、1分ほど軽く煮つめ、ゆで上げたスパゲッティをあえる。

Carmine's

Advice

アスコリはイタリアの東海岸マルケ州にある町の名前。昔、そこでオリーブをたっぷり使ったスパゲッティを食べた記憶をたどりながら作ったものなんだ。若いさわやかなオリーブの味を引き立てるレシピだから、黒オリーブじゃなくて必ずグリーンを使ってね。

このパスタにはブロッコリー、というほどの定番レシピ

ブロッコリーのオレッキエッテ

Orecchiette con broccoli alla pugliese

1 オレッキエッテをゆで始める。ゆで汁はとっておく。

2 フライパンにオリーブ油と半分にちぎった赤唐辛子を入れて熱し、香りを出す。にんにくを加えて、軽く色づいてくるまで炒める。

3 ブロッコリーとそのゆで汁100mlを加え、ふたをしてブロッコリーが柔らかくなるまで煮る。

4 ゆで上げたオレッキエッテとそのゆで汁100mlを入れ、2～3分煮る。皿に盛り、オリーブ油（分量外）を回しかける。

準備
＊オレッキエッテをゆでる湯を沸かし、塩（分量外）を加える。
＊ブロッコリーは縦に薄く切り、堅めに塩ゆでする。ゆで汁はとっておく。

材料（2人分）
オレッキエッテ…160g
ブロッコリー…100g
にんにく（薄切り）…1片分
赤唐辛子…1本
E.V.オリーブ油…60～70ml
塩…適量

Carmine's

そしてこのソースにオレッキエッテを入れて少し煮るから、ブロッコリーの風味豊かに仕上がるんだよ。

Advice
南イタリアのプーリア州の定番パスタ。ポイントはブロッコリーの風味を最大限に生かすこと。まずブロッコリーとそのゆで汁をオリーブ油のソースに加え、柔らかく煮てうまみを移すんだ。

バジリコペーストにトマトを加えてマイルドな味わいに

エドキァノ風スパゲッティ

Spaghetti alla "Edochiano"

Carmine's

準備

＊スパゲッティをゆでる湯を沸かし、塩（分量外）を加える。
＊トマトはざく切りにする。
＊赤唐辛子はへたを取って種を除く。

1 スパゲッティをゆで始める。

2 フードプロセッサーにバジリコ、赤唐辛子、松の実を入れて回す。トマトを加え、オリーブ油を注ぎながら回し、最後にチーズを入れて軽く回し、塩、こしょうする。

3 ゆで上げたスパゲッティを**2**であえ、皿に盛ってバジリコを添える。

材料（2人分）

スパゲッティ…160ｇ
ソース（4～5人分）
バジリコ…30ｇ
トマト…2個
赤唐辛子…小1本
松の実…30ｇ
E.V.オリーブ油…50～60㎖
グラーナチーズ（粉末）…20ｇ
ペコリーノチーズ（粉末）…20ｇ
塩、こしょう…各適量
飾り用バジリコ…適量

Advice

バジリコペーストにかくし味のトマトを入れると、とてもマイルドになるんだよ。ソースを少量で作りたいときは、すり鉢で作るとうまくできるんだ。風味がとんでしまうから、火を入れないように注意してね。

バジリコのフレッシュな香りとこくをシンプルに楽しむ

スパゲッティ・ジェノヴェーゼ

Spaghetti al pesto genovese

準備
＊スパゲッティをゆでる湯を沸かし、塩（分量外）を加える。
＊バターは溶かしておく。

1 スパゲッティをゆで始める。
2 バジリコペーストとバターを大きめのボウルに入れておく。
3 ゆで上げたスパゲッティを **2** に加えてあえ、器に盛ってグラーナチーズをかける。

材料（2人分）
スパゲッティ…160g
バジリコペースト（→P.55）
　…200g
バター…小さじ2
グラーナチーズ（粉末）…適量

カルミネ 直伝

バジリコペースト
Pesto genovese

おいしく作る ポイント

＊バジリコとにんにくと松の実をある程度細かくしてから、オリーブ油を少しずつ入れる。

Buono! Buono!

材料（でき上がり約400g）
バジリコ…100g
にんにく（薄切り）…1片分
松の実…100g
E.V.オリーブ油…200mℓ
グラーナチーズ（粉末）…30g
ペコリーノチーズ（粉末）…30g

> ペコリーノチーズが手に入らなければ、グラーナチーズ1種類で60gにしてもよい。

3 オリーブ油を少量ずつ注ぎながら、フードプロセッサーを回す。

4 とろとろのペースト状になる。この段階ではかなりゆるい状態。

5 グラーナチーズとペコリーノチーズを加え、軽くフードプロセッサーを回す。

1 バジリコは太い軸を除いてフードプロセッサーに入れ、にんにくを散らし、松の実を加える。

2 フードプロセッサーを回して粗みじんにする。側面についたバジリコを、ゴムべらで下に落とす。

保存 瓶にペーストを入れ、オリーブ油を少量たらして、表面に膜を作る。ふたをしっかりしめておけば、変色せず、冷蔵庫で1〜2週間は保存できる。使うときは常温にもどす。

卵はスパゲッティの余熱でとろりと仕上げて

スパゲッティ・カルボナーラ
Spaghetti alla carbonara

1 スパゲッティをゆで始める。

2 フライパンにオリーブ油とパンチェッタを入れて弱火にかけ、パンチェッタの脂が出てカリカリになるまでじっくり炒める。

3 ゆで上げたスパゲッティに**2**をからめ、火からおろしてソースを加えてあえる。皿に盛り、黒こしょう（分量外）をふる。

・・・・・・・・・・・・・・・・・・・・・・・・

準備
＊スパゲッティをゆでる湯を沸かし、塩（分量外）を加える。
＊パンチェッタは5mm角の棒状に切る。
＊小さなボウルに、卵を割って卵白を半分は除く（写真**a**）。生クリームとグラーナチーズと粗びき黒こしょうを加えて軽く混ぜておく（写真**b**）。

a 卵は半分に割った片方の殻に移し、自然に流れ落ちる卵白は使用しない。

b 卵や生クリームなどは、事前にしっかりと混ぜておく。冷たすぎないほうがよい。

・・・・・・・・・・・・・・・・・・・・・・・・

材料（2人分）
スパゲッティ…160g
卵…2個
パンチェッタ（またはブロックのベーコン）…100g
生クリーム…80g
グラーナチーズ（粉末）…大さじ3
E.V.オリーブ油…小さじ1
粗びき黒こしょう…12〜13回こしょうひきを回す

おいしく作る ポイント
＊パンチェッタの脂を十分に出しきってカリカリにする。
＊大丈夫かな？と思うくらい黒こしょうをたっぷり入れる。
＊卵に熱が入りすぎて固まらないように、火からおろしてソースとあえる。

Carmine's

Advice
パンチェッタが手に入らなければベーコンで代用してもいいけど、必ずブロックを使うこと。

スライスのベーコンは脂が溶けにくくて、うまみが出る前に、カリカリに焦げてしまうからね。

パンチェッタの代わりに海のうまみを使ってアレンジ

たらこ風味のカルボナーラ

Spaghetti alla carbonara di mare

準備
＊スパゲッティをゆでる湯を沸かし、塩（分量外）を加える。
＊卵は小さなボウルに割り入れ、卵白を半量取り除く（→P.57）。
＊たらこは薄皮を除く。

1 スパゲッティをゆで始める。

2 フライパンに、オリーブ油と半分にちぎったアンチョビを入れて火にかけ、スプーンでつぶしながら炒める。火からはずし、生クリーム、卵、たらこを加える。スプーンでつぶしながら混ぜる。グラーナチーズを加えて混ぜる。

3 **2**にゆで上げたスパゲッティを加え、火にかけて手早くあえる。皿に盛って粗びき黒こしょうをたっぷりとふりかける。

材料（2人分）
スパゲッティ…160g
たらこ…60〜70g
アンチョビ（フィレ）…4枚
E.V.オリーブ油…大さじ1⅓
生クリーム…130㎖
卵…2個
グラーナチーズ（粉末）…大さじ2
粗びき黒こしょう…15回こしょうひきを回す

Carmine's
Advice
とろりとした卵の食感がおいしさの決め手。だから卵に火が入りすぎないように、途中でいったん火からはずして余熱で調理するんだ。黒こしょうはたっぷりかけると、味が引き締まっておいしくなるよ。

Note
魚介にパプリカという組み合わせは
イタリアでも珍しいものですが、意
外と相性がよくおいしくできます。
ペスカトーレほど魚介類をそろえな
くてもよく、煮込み時間も短いので
手軽にできておすすめです。

少量のトマトが魚介のうまみを際立たせる

魚介類とパプリカのスパゲッティ

Spaghetti con frutti di mare e peperoni

1 スパゲッティをゆで始める。

2 フライパンにオリーブ油、にんに
く、赤唐辛子を入れて熱し、香り
を出す。パプリカを炒め、火が通
ったらいかを加えて炒める。

3 あさり、ムール貝、白ワインを加
え、ふたをして蒸し煮にする。貝
の口が開いたらトマト、イタリア
ンパセリ、生クリームを加えて2
～3分煮つめる。塩、こしょうで
味をととのえる。

4 ゆで上げたスパゲッティを**3**であ
える。グラーナチーズをふってあ
え、皿に盛る。

準備
＊スパゲッティをゆでる湯を沸かし、
塩（分量外）を加える。
＊やりいかは5mm幅に切る。
＊パプリカは皮つきのまま細切りに。
＊トマトは1cm角に切る。

材料（2人分）
スパゲッティ…160g
あさり…12個
ムール貝…6個
やりいか（内臓を除いたもの）
　…60g
パプリカ（赤、黄）…各30g
トマト…60g
にんにく（みじん切り）…1片分
赤唐辛子…1本
E.V.オリーブ油…30ml
白ワイン…90ml
生クリーム…80～100ml
イタリアンパセリ（みじん切り）
　…ひとつまみ
塩、こしょう…各適量
グラーナチーズ（粉末）…20g

チーズも生クリームも使わないのに、うにでとろりとクリーミー

うにのスパゲッティ

Spaghetti ai ricci di mare

Carmine's

Advice

日本人はうにが好きだよね。ぼくの店でもこのスパゲッティは人気があるよ。でも実はイタリアではシチリアで食べられるくらいで、そんなにポピュラーな素材じゃないんだ。うには使う前に常温にもどしておいて、熱を加えずにあえるととろりとした感じに仕上がるんだ。

準備

＊スパゲッティをゆでる湯を沸かし、塩（分量外）を加える。

1 スパゲッティをゆで始める。

2 ボウルにうに60g、レモン汁、イタリアンパセリ、オリーブ油、塩、こしょうを入れ、フォークで軽くつぶしながら混ぜる。

3 ゆで上げたスパゲッティを**2**に加えてあえる。皿に盛って残りのうにをのせ、イタリアンパセリをふる。オリーブ油少量（分量外）を回しかける。

材料（2人分）
スパゲッティ…160g
うに…100g
レモン汁…1/2個分
イタリアンパセリ（みじん切り）
　…少量
E.V.オリーブ油…大さじ3
塩、こしょう…各適量
仕上げ用イタリアンパセリ
　（みじん切り）…適量

1. ペンネをゆで始める。
2. フライパンを火にかけ、バターを入れて溶かす。スモークサーモンを加え、木べらでつぶしながら表面がカリッとするまで炒める。
3. ウォッカを入れる。火がついて燃えるので、完全に燃えきらないうちに生クリームを加え、オレンジの身と皮を入れて少し煮つめる。
4. ゆで上げたペンネを3であえる。グラーナチーズとイタリアンパセリをふってあえ、皿に盛る。

クリーミーなソースがオレンジとウォッカでさわやかに

スモークサーモンのペンネ オレンジ風味

Penne al salmone e profumo d'arancia

準備
＊ペンネをゆでる湯を沸かし、塩（分量外）を加える。
＊スモークサーモンは粗く刻む。
＊オレンジは身を房から取り出し、皮はごく細いせん切りにする。

材料（2人分）
ペンネ…160g
スモークサーモン…60g
ウォッカ…30〜40㎖
生クリーム…120㎖
バター…40g
オレンジの果肉…½個分
オレンジの皮…少量
グラーナチーズ（粉末）…15g
イタリアンパセリ（みじん切り）
　…ふたつまみ

Carmine's
Advice

ウォッカを加えるときっぱりしたうまみも加わるよ。同じ蒸留酒でもブランデーではくどくなるから注意してね。

スモークサーモンを使ったクリームパスタはよくあるけど、オレンジの果肉と皮を入れると、クリーミーなのにさっぱりとしたあと味でなかなかの好相性なんだ。

マッシュルームの風味とうまみが詰まったソースであえて

マッシュルーム風味のペンネ

Penne alla crema di funghi

準備

＊ペンネをゆでる湯を沸かし、塩（分量外）を加える。

＊マッシュルームとイタリアンパセリはみじん切りにする。

1. ペンネをゆで始める。
2. フライパンにオリーブ油を入れて火にかけ、にんにく、マッシュルーム、イタリアンパセリを炒める。バターを加え、水分がなくなるまで時間をかけてよく炒めたら、生クリームを加え、塩、こしょうで味をととのえる。
3. ゆで上げたペンネを加え、さっと混ぜ合わせ、グラーナチーズをふってあえる。

材料（2人分）

ペンネ…160 g

マッシュルーム…120 g

にんにく（みじん切り）…10 g

イタリアンパセリ…15 g

E.V.オリーブ油…30 ㎖

バター…25 g

生クリーム…200 ㎖

グラーナチーズ（粉末）…少量

塩、こしょう…各適量

クリーミーなチーズがミント風味でさっぱり

リコッタチーズのリガトーニ

Rigatoni con ricotta, pomodoro e menta

1 リガトーニをゆで始める。

2 フライパンを火にかけ、トマトソースとリコッタチーズを入れ、スプーンでつぶしながら混ぜる。ソースが温まったらバターとミントの葉を加え、かき混ぜながらバターを溶かす。

3 ゆで上げたリガトーニを**2**であえ、皿に盛ってミントを飾る。

準備

＊リガトーニをゆでる湯を沸かし、塩（分量外）を加える。

＊ミントの葉は細切りにする。

材料（2人分）

リガトーニ…160ｇ

トマトソース（→P.39）…120ｇ

リコッタチーズ…120ｇ

ミントの葉…10枚

バター…20ｇ

飾り用ミント…適量

八百屋さんのフジッリ

Fusilli all'ortolana

＊フジッリをゆでる湯を沸かし、塩（分量外）を加える。
＊パプリカ、なす、ズッキーニ、モッツァレッラチーズを1cm角に切る。
＊チェリートマトは四つ割りにする。

1 パプリカ、なす、ズッキーニは多めの油で軽く色がつくまで炒める。フジッリをゆで始める。

2 鍋にオリーブ油30〜40mℓ、にんにく、赤唐辛子を入れて熱し、軽く色づけながら香りを出す。チェリートマトを加え、塩、こしょうをしてかき混ぜ、1〜2分煮込む。

3 バジリコと**1**の野菜を加え混ぜる。

4 ゆで上げたフジッリを**3**に加えてあえ、火からはずしてモッツァレッラチーズを加え混ぜる。

材料（2人分）
フジッリ…160g
パプリカ（赤、黄）、なす、ズッキーニ…各½個（計200g）
チェリートマト…10個
モッツァレッラチーズ…40g
にんにく（つぶす）…1片
赤唐辛子…½本
E.V.オリーブ油…適量
バジリコ（細切り）…2〜3枚
塩、こしょう…各適量

Carmine's Advice

このパスタはイタリアではとてもポピュラー。いつものトマトソースとはちょっと違うものを食べたいとき、冷蔵庫の野菜とモッツァレッラチーズさえあればできるからとても簡単なんだ。このパスタには普通のトマトではなく、必ずチェリートマトのような水分が少なくて味の濃いトマトを使うといいよ。パスタとあえたとき、形がしっかり残ってトマトのクリアなおいしさが味わえるんだ。

たっぷりのアスパラガスがうまみのもと

アスパラのカルボナーラあえ ファルファッレ

Farfalle con carbonara di asparagi

準備
＊ファルファッレをゆでる湯を沸かし、塩（分量外）を加える。
＊グリーンアスパラガスは堅い部分とはかまを取り除き、歯ごたえがわずかに残るくらいに塩ゆでする。水気をきり、1cm幅の斜め切りにする。
＊卵は白身を半分取り除き（→P.57）、といておく。

材料（2人分）
ファルファッレ…160g
グリーンアスパラガス…100g
生クリーム…130ml
卵…2個
バター…30g
グラーナチーズ（粉末）…15g
粗びき黒こしょう…15回こしょうひきを回す
塩…適量

1 ファルファッレをゆで始める。

2 フライパンを火にかけてバターを溶かし、アスパラガスを炒める。ファルファッレのゆで汁50mlを入れ、アスパラガスを軽くつぶしながら煮つめる。

3 火からはずして生クリームと卵を加え、木べらで手早くかき混ぜる。グラーナチーズと粗びき黒こしょうをふって混ぜる。

4 再度火にかけてかき混ぜ、ソースのまわりがふつふつと沸騰して、わずかにとろみがついたら、すぐに火からはず。ゆで上げたファルファッレをあえる。

"ミートソース" でおなじみ、よく煮込んだひき肉たっぷりで大満足

スパゲッティ・ボロニェーゼ

Spaghetti alla bolognese

準備
＊スパゲッティをゆでる湯を沸かし、塩（分量外）を加える。

1 スパゲッティをゆで始める。

2 フライパンにミートソースを入れ、温める。

3 ゆで上げたスパゲッティを **2** に入れ、グラーナチーズを加えてあえる。皿に盛り、グラーナチーズをふる。

材料（2人分）
スパゲッティ…160g
ミートソース（→P.67）…300g
グラーナチーズ（粉末）
　…大さじ4
仕上げ用グラーナチーズ
　（粉末）…適量

Carmine's
Advice

ミートソースはしっかりと煮込んでおくことが大事なんだ。水分が少ないソースだから、スパゲッティがあえにくければ、ゆで汁を少し加えるといいよ。この料理は肉を1人分150gも使うから、セコンドがなくても一皿で満足できるんだ。子供からお年寄りまでみんなに人気があるから、ゲストの好みがわからないときにはおすすめだよ。

カルミネ直伝 ミートソース
Salsa bolognese

おいしく作る **ポイント**

★野菜も肉もよく炒めて水分をとばす。
★肉を混ぜすぎず、一粒一粒に焼き目をしっかりつける。

Buono! Buono!

材料（でき上がり800〜900g）
牛ひき肉…500g
にんじん、玉ねぎ、セロリ
　…計250g
ローズマリー…1枝
セージの葉…3枚
赤ワイン…130ml
ホールトマト（缶詰）…1缶
ローリエ…1枚
E.V.オリーブ油…50〜60ml
塩、こしょう…各適量

準備
＊にんじん、玉ねぎ、セロリは粗みじんに切る。
＊ローズマリー、セージはみじん切りにする。

2 ひき肉を加え、木べらでかたまりをほぐしながら炒める。肉からも水分が出てくるので、蒸発するまで炒める。水気がとんで、鍋底がプシューッと音をたてるようになればよい。

3 赤ワインを加え、混ぜ合わせる。ホールトマト、ローリエ、塩、こしょうを加える。ふたをしてごく弱火で40分〜1時間煮込む。途中で水分が減ったら、水を少しずつたす。

1 深鍋にオリーブ油を熱し、野菜とローズマリー、セージを炒める。しばらくすると水分が出てくるので、これが蒸発するまで時間をかけてじっくり炒め、野菜のエキスをよく出しておく。

保存 密閉容器に入れて、冷蔵庫で1週間。冷凍庫なら1か月が目安。

自家製ソーセージとブロッコリーで作るシンプルパスタ

サルシッチャとブロッコリーのスパゲッティ

Spaghetti con salsiccia e broccoli

1 スパゲッティをゆで始める。

2 フライパンにオリーブ油、にんにく、赤唐辛子を入れて熱し、香りを出す。

3 サルシッチャを加えて、つぶしながら炒める。火が入ったら、ブロッコリーを加えて炒め、ブロッコリーのゆで汁150㎖を加え、軽くつぶしながら4〜5分煮込む。

4 塩、こしょうで味をととのえ、バターで風味づけしたらゆで上がったスパゲッティを加えてあえる。

準備

＊スパゲッティをゆでる湯を沸かし、塩（分量外）を加える。

＊ブロッコリーは小房に分け、堅めに塩ゆでする。ゆで汁はとっておく。

＊サルシッチャは1㎝幅に切る。

材料（2人分）

スパゲッティ…160ｇ

サルシッチャ（粗びきの生ソーセージ）…2本（120ｇ）

ブロッコリー…100ｇ

にんにく（つぶす）…2片

赤唐辛子…1本

E.V.オリーブ油…40㎖

バター…30ｇ

塩、こしょう…各適量

生クリーム入りミートソースで満足感のある一皿

リガトーニのミートソースあえ
フィレンツェ風

Rigatoni strascicati alla fiorentina

準備
＊リガトーニをゆでる湯を沸かし、塩（分量外）を加える。
＊グリーンピースは柔らかくなるまで塩ゆでし、ざるに上げ水気をきる。

材料（2人分）
リガトーニ…160g
ミートソース（→P.67）…140g
生クリーム…80㎖
グリーンピース…40g
グラーナチーズ（粉末）…適量
塩…適量

1 リガトーニをゆで始める。
2 フライパンにミートソースと生クリームを入れ、火にかけて混ぜ合わせる。ソースが温まったらグリーンピースを加え混ぜる。
3 ゆで上げたリガトーニとグラーナチーズを**2**に加えてあえる。皿に盛り、グラーナチーズを少量ふる。

Note
トスカーナ地方では、ボリュームのあるショートパスタにはよくミートソースをからめます。これにホワイトソースを加えて焼くとグラタンに。この料理はそのグラタンのイメージでできたパスタ。あえて仕上げるから、ホワイトソースより生クリームのほうがなめらかでなじみやすいし、味もさっぱりします。

あこがれの

手打ちパスタに挑戦！

Pasta fresca

レストランでも手打ちパスタは大人気です。
やはり作りたてのおいしさは抜群。
柔らかいのにこしのある独特の歯ごたえを、
ぜひおうちでも楽しんでください。

材料（でき上がり420ｇ）
強力粉…250ｇ
卵…L3個
E.V.オリーブ油…5㎖
塩…ひとつまみ

3 卵と粉がそぼろ状に混ざってきたら、両手で生地を集めるようにしながらひとつのかたまりにまとめていく。

1 強力粉をふるいにかけ、まな板の上に山形に盛る。中心をくぼませ、卵、オリーブ油、塩を入れる。

2 指先で卵をくずしながら、周囲の粉を混ぜていく。

4 かたまりになったら、両手のひらで強く押しのばしながらこねる。10分間こね続ける。

Carmine's

Advice

お店ではこしがより出るように、強力粉とセモリナ粉を同割で作っているけど、セモリナ粉はマシンじゃないと堅くてこねにくいので、おうちでは強力粉100％のレシピがおすすめ。強力粉でもかなり堅いので、卵をやや多めにしたんだ。薄力粉を混ぜる場合は卵の量を1〜2個減らす、とちょうどいいよ。

8 まな板に強力粉をまぶし、パスタ生地を広げる。上にも粉をまぶす。25〜30cm長さに切る。ロングパスタ用は三つ折りにし、端からそれぞれのパスタの幅に切り分ける。

手打ちパスタと
乾燥パスタとの違いは粉

乾燥パスタはほとんどがデュラム小麦という硬質小麦の粉（セモリナ）100％のもので、とても堅くて手ではこねることができません。手打ちパスタは強力粉が中心で、レシピによってはデュラムセモリナ粉や薄力粉を混ぜて作ります。そしてもうひとつの違いは、手打ちパスタには卵をたっぷり使う場合が多いということ。ゆで上がりのふわっとした食感が醍醐味です。

7 パスタマシンの目盛りを10mmに設定し、生地をのばす。さらに7mm、4mm、1mmと段階的に目盛りを小さくしながらのばしていく。生地がくっつかないように、マシンにかけるたびに強力粉をまぶす。生地が長くなってきたら、マシンから出てくる生地の下に左手をあてながら、下にたまった生地を折りたたむように重ねていく。シートパスタは、1mm厚さでさらにもう1回のばす。タリオリーニなどのロングパスタは、0.5mmに目盛りを狭めて、2回くらいのばす。

5 十分にこねたら球状に丸め、ラップで包んで常温で30分休ませる。

6 まな板に強力粉（分量外）をまぶし、パスタ生地をおく。十字に切って4等分にする。それぞれを手のひらで押しつぶしてから、麺棒で1cm厚さにのばす。強力粉をうっすらとまぶす。

手打ちパスタの種類とゆで方

ゆで方

基本的にはスパゲッティのゆで方（→P.40）と同じでOK。表面についている粉はできるだけ落としながら湯に入れる。ゆで時間は乾燥の度合いによって違うが、細いパスタは3〜4分、幅広のパスタは5〜6分を目安にゆでる。

種類

手打ちパスタはその幅によって、名前がついている。ただ、正確な決まりはなく、地方によって同じ幅でも名前が違うこともある。

ゆで時間 5〜6分

幅広のパスタ

パッパルデッレ
2cm幅のもっとも幅の広いパスタ。

シートパスタ
ラザニア用は8〜10cm前後の幅に切り分けておき、容器に合わせてさらに切って使う。ラヴィオリは約20cm四方を偶数枚用意し、詰めものをはさんでから切り分ける。

ゆで時間 3〜4分

細いパスタ

タリオリーニ
3mm幅の細いパスタ。

タリアテッレ
7〜8mm幅のきしめん状。ローマ周辺ではフェットチーネと呼ばれる。

※手打ちパスタの代わりに乾燥パスタを使用する場合も、1人分は80gで作る。

いろいろな種類のきのこを使って味わい深く

きのこソースのタリアテッレ

Tagliatelle al sugo di funghi

1 鍋にオリーブ油、にんにく、2つにちぎった赤唐辛子を入れて熱し、香りを出す。きのこを加え、木べらでよくかき混ぜながら炒める。

2 よく炒めて香りが出たら、ホールトマト、バジリコ、塩、こしょうを加え、混ぜ合わせて弱火で10分ほど煮込む。

3 タリアテッレをゆで始める。**2**の水分がほぼなくなったら生クリームを入れ、水分がたりなければ、水を少量加えて1分ほど煮つめる。

4 タリアテッレを皿に盛り、ソースをかけてグラーナチーズをふる。

• •
準備
＊タリアテッレをゆでる湯を沸かし、塩（分量外）を加える。
＊まいたけと白まいたけは手でほぐし、それ以外のきのこは1cm角に粗く切る。
• •

Carmine's

Advice

イタリアでは、きのこソースはミートソースと並ぶほど人気のソースなんだ。イタリアではポルチーニ茸を使うけど、どんなきのこを使ってもかまわないよ。3〜4種取り混ぜると、いろいろな味がミックスされて断然おいしいんだ。

材料（2人分）
タリアテッレ…160g
きのこ（生しいたけ、本しめじ、エリンギ、まいたけ、白まいたけなど）…計150g
ホールトマト（缶詰）…100g
バジリコ（細切り）…2枚
にんにく（つぶす）…1片
赤唐辛子…½本
生クリーム…80ml
E.V.オリーブ油…50ml
塩、こしょう…各適量
グラーナチーズ（粉末）…少量

からすみのうまみがきいたクリームソースは飽きない味

からすみと生クリームの タリオリーニ

Tagliolini alla bottarga

準備

＊タリオリーニをゆでる湯を沸かし、塩（分量外）を加える。

1 フライパンにバターを入れ、火にかけて溶かす。生クリームと水を加え、沸騰したら少し煮つめる。からすみを混ぜ、軽く煮つめる。

2 タリオリーニをゆで始める。

3 ゆで上がったタリオリーニを**1**に入れてあえ、グラーナチーズをふって再度あえる。皿に盛り、仕上げ用のからすみをふる。

材料（2人分）

タリオリーニ…160g

からすみ（粉末）…20g

生クリーム…150㎖

バター…20g

水…60㎖

グラーナチーズ（粉末）…小さじ2

仕上げ用からすみ（粉末）…適量

やわらかな味わいが手打ちパスタにぴったり

卵黄とハムのクリームあえタリオリーニ

Tagliolini alla papalina

準備
＊タリオリーニをゆでる湯を沸かし、塩（分量外）を加える。
＊生ハムは細かく切る。
＊卵は小さなボウルに割り入れ、卵白を半量取り除く（→P.57）。生クリームとグラーナチーズを加えて混ぜておく。

材料（2人分）
タリオリーニ…160g
生ハム…40g
生クリーム…130㎖
卵…2個
バター…20g
グラーナチーズ（粉末）
　…大さじ2

1 タリオリーニをゆで始める。

2 フライパンにバターを溶かし、生ハムを軽く炒める。準備した卵液を加えてさっと混ぜ、火を止め、そのままおいておく。

3 タリオリーニがゆで上がる直前に**2**を再度弱火にかけ、かき混ぜながら少し温めてとろりとしたらすぐに火を止める。ゆで上がったタリオリーニを入れて手早くあえて皿に盛る。

Carmine's

Advice
カルボナーラと同様、卵の火の入れ方がポイント。タリオリーニをゆで上げるタイミングを見はからってソースを準備しよう。柔らかなタリオリーニと相性抜群のおいしいソースだよ。

つまみ食いがヒント！　意外な組み合わせで新食感

アーモンドとルーコラのタリアテッレ

Tagliatelle con rucola e mandorle

1 タリアテッレをゆで始める。ゆで汁は少しとっておく。

2 ボウルにアーモンド、ルーコラ、赤唐辛子、オリーブ油、塩、こしょうを合わせて、ゆで上げたタリアテッレをあえる。

3 フライパンを温めて火を止め、**2** とタリアテッレのゆで汁40〜50mℓを入れる。余熱で温めながらあえる。皿に盛り、仕上げ用のオリーブ油をかける。

準備

＊タリアテッレをゆでる湯を沸かし、塩（分量外）を加える。

＊アーモンドスライスはフライパンでからいりし、均等に焼き色をつける。

＊赤唐辛子はオーブンやオーブントースターで軽く温めて表面をぱりっとさせ、手で細かくちぎる。

＊ルーコラは3〜4cm幅のざく切りに。

材料（2人分）
タリアテッレ…160g
アーモンドスライス…30g
ルーコラ…60g
赤唐辛子…2本
E.V.オリーブ油…60mℓ
塩、こしょう…各適量
仕上げ用E.V.オリーブ油…小さじ2

ゆでたてのパスタには味がしっかりなじんでおいしく仕上がるんだ。赤唐辛子もオーブンで焼いて、皮をぱりっとさせて風味を生かすとおいしいよ。

Carmine's

Advice

このパスタは調理場でつまみ食いしていて生まれた料理（笑）。おいしく作るポイントは熱いうちにあえること。

幅広の手打ちパスタには、具もソースもボリューム感のあるものを

サルシッチャのパッパルデッレ

Pappardelle con ragù di salsiccia e broccoli

1 鍋にオリーブ油、にんにく、赤唐辛子を入れて熱し、香りを出す。にんにくを除き、玉ねぎを加えて炒める。しんなりしたら、サルシッチャの皮をむいて肉をほぐしながら入れる。木べらでつぶしながら、肉がカリッとするまで炒める。

2 赤ワインを加えてアルコール分をとばし、生クリームとトマトを加える。しばらく煮込み、塩、こしょうをしてブロッコリーを加え、煮くずれるまでさらに10分ほど煮込む。

3 パッパルデッレをゆでる。

4 ゆで上げたパッパルデッレを**2**のソースに入れてあえ、グラーナチーズをふって混ぜる。

・・・・・・・・・・・・・・・・

準備
＊パッパルデッレをゆでる湯を沸かし、塩（分量外）を加える。
＊ブロッコリーはマッシュルーム大に切り分けて塩ゆでする。
＊玉ねぎは薄切りにする。
＊トマトは1cm角に切る。

・・・・・・・・・・・・・・・・

Carmine's

Advice
このパスタは春になって新玉ねぎが出始めるとマンマがよく作ってくれたんだ。その時期は秋に作ったサルシッチャがサラミのように堅くなっていて、皮をむいて中の肉だけ使うんだよ。サルシッチャが手に入らなければ、粗びきソーセージを皮をむいて使ってね。

材料（2人分）
パッパルデッレ…160g
サルシッチャ（粗びきの生ソーセージ）…140g
ブロッコリー…100g
玉ねぎ…50g
トマト…200g
にんにく（つぶす）…1片
赤唐辛子…1本
赤ワイン…100㎖
生クリーム…100㎖
E.V.オリーブ油…60㎖
塩、こしょう…各適量
仕上げ用グラーナチーズ（粉末）…少量

77

バジリコペースト入りラザニア

Lasagna al pesto genovese

材料（4人分。18×30×4 ㎝の耐熱容器1台分）
パスタ生地…150 g
バジリコペースト（→P.55）
　…90 g
ホワイトソース（→P.79）
　…880 g
グラーナチーズ（粉末）…70 g
トマトソース（→P.39）…200 g
バター…少量

準備
※シートパスタをゆでる湯を沸かし、塩（分量外）を加える。
※オーブンは200℃に予熱する。

1 パスタ生地を1㎜厚さにのばし、6×9㎝の大きさに切り分け、16枚用意する。沸騰した湯で3～4分ゆでる。網杓子ですくい、氷水をはったボウルに入れて引き締める。網の上に広げて水気をきる。

2 耐熱容器の底にバターを塗り、ホワイトソースを薄く敷く。グラーナチーズをふり、パスタ4枚を並べる。ホワイトソースを塗り、バジリコペーストを点々と散らす。グラーナチーズをふり、パスタを並べる。この作業をもう2回繰り返す。

3 最後にホワイトソースを塗り、バジリコペーストとグラーナチーズを少量ずつふる。30分ほど常温のまま休ませる。

4 オーブンで約15～20分焼く。切り分けて皿に盛り、トマトソースをのせてグラーナチーズをふる。

メモ
バジリコペーストを、ミートソース（→P.67）200～300 gに替えると、ベーシックなラザニアになる。

Carmine's
Advice
バジリコペーストを使ったラザニアは、ジェノヴェーゼ発祥の地、ジェノヴァ出身の同僚から教えてもらった料理なんだ。最初はちょっとびっくりしたけど、意外とおいしいので、お店のメニューに入れてたこともあるんだよ。バジリコペーストは味が強いので、控えめに使うことがポイントだよ。

カルミネ
直伝

ホワイトソース
Salsa besciamella

Buono! Buono!

おいしく作る ポイント
＊牛乳は温めておく。
＊粉はよくよく炒め、ソース状になったらよくよく煮込む。
＊2回目の牛乳からは、泡立て器を使ってから木べらに替える。

材料（でき上がり約1.1kg）
牛乳…1ℓ
バター…75g
薄力粉…75g
塩…小さじ1

準備
＊鍋に牛乳と塩を入れて温める。完全に沸騰させなくてもよい。
＊薄力粉をふるいにかける。

4 続けて牛乳を約400mℓ加え、泡立て器で手早くかき混ぜる。

1 鍋にバターを入れて火にかけ、溶かす。薄力粉を加え、木べらで手早くしっかり炒める。粉気を抜くようによく火を通す。

5 ルーと牛乳がなじんだら、木べらに持ち替えて練るようにしながらしばらくかき混ぜる。しだいにつやが出てくる。

2 温めた牛乳を200mℓ加え、手早くしっかりかき混ぜる。

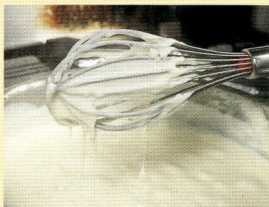

保存
容器に移し、乾燥しないように表面にバター（分量外）を薄く塗る。ラップをかぶせ、冷蔵庫で保存する。保存したソースを使うとき堅かったら、牛乳少量でのばして濃度を調整するとよい。このソースに卵黄を加えて煮込んだり、グラーナチーズの粉末を混ぜ込めば、よりリッチなホワイトソースになる。

6 残りの牛乳を加えて、泡立て器で一気に混ぜ合わせる。木べらに替えて3〜4分かき混ぜながら火を通す。泡立て器を入れて持ち上げたときに、ワイヤーの間に薄膜が張るくらいの濃度になればよい。

3 ルーがすぐに水分を吸収して団子状に固まる。

材料（16個分。1人分4〜5個）

パスタ生地…400g

豚ひき肉…50g

E.V.オリーブ油…小さじ1

ほうれん草…1束

リコッタチーズ…75g

卵…1個

グラーナチーズ（粉末）…10g

ナツメグ…少量

塩、こしょう…各適量

とき卵…適量

ソース（1人分）

バター…15g

ミートソース（→P.67）…100g

グラーナチーズ（粉末）…適量

生地の中に詰めものをして、
ソースでいただく絶品パスタ

ほうれん草入りラヴィオリ ミートソース

Ravioli con ripieno di spinaci al ragù classico

ラヴィオリの包み方

1
20cm四方のパスタ生地
に、均等に12か所詰め
ものを絞る。

2
パスタ生地のまわりの
部分と詰めものの間に、
格子状にとき卵を塗る。

3
上からパスタ生地をか
ぶせる。

4
指先で、とき卵を塗っ
た部分を押さえる。

5
パイカッターで切り分
ける。

Note
イタリア南部で手打ちパスタという
と、フジッリやオレッキエッテのよ
うなショートパスタが主流。ラヴィ
オリのような詰めものパスタはだい
たいエミリア・ロマーニャ以北に限
られます。ラヴィオリのほかに見か
けが春巻きのようなカネロニなども
ポピュラー。ほうれん草とリコッタ
チーズの組み合わせは定番で、ニョ
ッキにすることもあります。

準備
＊ラヴィオリをゆでる湯を沸かし、塩
（分量外）を加える。
＊ほうれん草は柔らかくゆで、水にさ
らして水気を絞る。包丁で細かくたた
いておく。

1 フライパンにオリーブ油を温め、
豚ひき肉を炒めて粗熱を取る。

2 ボウルにほうれん草、豚ひき肉、
リコッタチーズ、卵、グラーナチ
ーズ、ナツメグ、塩、こしょうを
合わせ、手で練り合わせる。口金
をつけずに絞り袋に詰める。

3 パスタ生地を1mm厚さにのばし、
約20cm四方に2枚切る。1枚に**2**
を大さじ1杯くらいずつ5〜6cm
間隔で絞る。詰めもののまわりに
刷毛でとき卵を塗り、もう1枚の
生地をかぶせる。卵を塗った部分
を指で押して生地を密着させ、パ
イカッターで5〜6cm四方に切り
分け、7分ほどゆでる。

4 ミートソースを温める。

5 フライパンにバターを溶かし、ゆ
でたラヴィオリをあえる。皿に盛
ってミートソースをかけ、グラー
ナチーズをふる。

ふわふわの〝かぼちゃ団子〞を
バターソースでいただく素朴な一皿

かぼちゃのニョッキ
セージバターソース

Gnocchi di zucca al burro e salvia

材料（2人分）
かぼちゃ（ほくほくのタイプもの）
　…皮を除いて150g
じゃがいも…150g
薄力粉…65g
セージの葉…3枚
バター…45g
グラーナチーズ（粉末）…少量
塩、こしょう、強力粉…各少量

ニョッキは作りたてを食べる料理なので、レストランでは出しにくい料理なんだ。だからぜひおうちで楽しんでほしいな。

Carmine's

Advice

粉を入れて練り合わせるときは、まだらな状態がなくなって、色が均等になるまでしっかり練るのがポイント。なめらかで柔らかく仕上がるから、絶対おいしいよ。

数種のチーズと生クリームでこくのある味わいに

ほうれん草のニョッキ 4種類のチーズソース

Gnocchi di spinaci ai quattro formaggi

準備
＊ほうれん草は柔らかく塩ゆでし、水にさらしてから固く絞る。
＊じゃがいもは皮をむいて柔らかくゆで、薄力粉はふるいにかけておく。
＊ニョッキをゆでる湯を沸かし、塩（分量外）を加える。

1 ほうれん草をごく細かいみじん切りにし、すり鉢ですったくらいのペースト状にする。じゃがいもは裏ごしする。

2 かぼちゃのニョッキの作り方**2**〜**4**と同様に形作ってゆでる。

3 フライパンに4種類のチーズを入れ、火にかける。生クリームを加え、木べらでチーズをつぶしながら少々煮つめる。ゆで上げたニョッキを入れ、かき混ぜながら適度なとろみがつくまで軽く火を通す。

材料 （2人分）
ほうれん草…½束
じゃがいも…180〜200ｇ
薄力粉…65ｇ
チーズ（ゴルゴンゾーラ、
　クリームチーズ、フォン
　ティーナ）…計120ｇ
グラーナチーズ（粉末）
　…40ｇ
生クリーム…150㎖
塩、強力粉…各少量

準備
＊かぼちゃは柔らかくゆでる。じゃがいもは柔らかく塩ゆでする。それぞれざるに上げて水気をきる。じゃがいもは皮をむく。
＊薄力粉はふるいにかけておく。
＊ニョッキをゆでる湯を沸かし、塩（分量外）を加える。

1 かぼちゃとじゃがいもは、裏ごしする。

2 **1**をボウルに入れて手で練り合わせ、薄力粉を加えてよく練る。耳たぶくらいの柔らかさが理想。

3 まな板に強力粉で打ち粉をし、**1**の生地をのせる。両手でころがしながら直径1㎝ほどの棒状にし、端から2㎝幅に切る。1個ずつフォークの背で軽く押さえて溝を作り、そのまま生地を手前にころがすようにフォークを引いて、フォークの腹にポンとのせる。

4 ニョッキをゆで、表面に浮き上がってきたものから順に網杓子ですくい、水気をきって皿に盛る。

5 フライパンにバターとセージを入れ、火にかけてバターを溶かす。ニョッキを入れてあえる。グラーナチーズをふってあえ、皿に盛る。こしょう少量をふりかける。

Carmine's Advice

ペンネのソースでおなじみのクアットロ・フォルマッジ（4種のチーズ）ではゴルゴンゾーラとクリームチーズはよく使うけど、好みのものや手に入りやすいもので大丈夫。モッツァレラのような糸を引くタイプだけは合わないので注意してね。チーズと生クリームを使うので、とてもこくのあるソースなんだ。

魚介のうまみをたっぷり含んだお米料理

魚介のリゾット
Risotto ai frutti di mare

リゾットの基本

✳ 熱いブロードを使う

ブロードが冷たいと米が冷めてべたつきが出たり、味がしみ込まないうちに煮えきってしまう。

✳ 煮ているときは混ぜすぎない

混ぜすぎると米のまわりがくずれて、べたべたになってしまう。

✳ 煮る時間の目安は15分＋3分

ブロードを加え始め、15分たったら、米の堅さを確認する。季節や種類により米の乾燥度合いが異なるためブロードの量は決められないが、15〜18分で煮上がる。米の堅さは、中心に針の穴ほどの芯が残ったアルデンテの状態がベスト。

5 ブロードをあと数回加えながら煮る。仕上げ用のバターを入れて空気を含ませるように混ぜてつやを出す。最後にグラーナチーズを入れて混ぜ合わせる。火からおろしたあと、少し混ぜて全体にねっとりとまとまり感が出たらOK。

1 玉ねぎを米と同じくらい小さなみじん切りにする。ブロードは沸騰するまで温める。鍋にバターを溶かし、玉ねぎを少し色づくくらいまでよく炒める。

玉ねぎを使わない場合は、ブロードの準備のみ。またバターではなくオリーブ油のレシピのものもある。

2 米を加えてさらに炒める。おこげを作るような感覚で米に十分熱を通す（写真**a**）。

3 ブロードを100mℓほど入れ（写真**b**）、木べらでときどきかき混ぜながら煮る。火加減は中火。ふつふつと絶え間なく沸いている状態がよい（写真**c**）。

4 ブロードが煮つまり、表面に米がうっすらと見えるようになったらブロードをお玉1杯分ほど加え、かき混ぜながら煮る。

材料（2人分）

米…160ｇ
あさり…8個
ムール貝…4個
帆立貝柱、いか、えび…計140ｇ
ブロード（→P.157。またはコンソメスープ）…1ℓ
赤唐辛子…⅓本
にんにく（みじん切り）…1片分
イタリアンパセリ（みじん切り）…大さじ1
E.V.オリーブ油…30mℓ
トマトソース（→P.39）…100mℓ
白ワイン…40〜60mℓ
仕上げ用
［ バター…小さじ2
  グラーノチーズ（粉末）…大さじ4
  パセリ（みじん切り）…大さじ1
塩、こしょう…各適量

準備
＊いかは細切りにする。
＊ブロードは熱くしておく。
＊えびは殻をむいて背わたを除く。

1 鍋にオリーブ油と赤唐辛子を入れ、弱火にかける。赤唐辛子がうっすら黒ずんだら、にんにくとイタリアンパセリを加えて炒める。

2 貝柱、えび、いかを加えて弱火でさっと炒める。あさりとムール貝、白ワインを加えてすぐにふたをして2〜3分蒸し煮する。

3 貝の殻が開いて、油となじんだらトマトソースと米を加えて弱火のまま炒める。すぐにブロードを100mℓほど加える。

4 水分がなくなったら、ブロードを加える。基本の作り方を参考に、米の煮え具合をみながら、適宜ブロードで調整する。

5 仕上げにバターとチーズ、パセリを加えて混ぜ、味をみて塩、こしょうでととのえる。

数種のきのこを取り混ぜて風味豊かに仕上げて

きのこのリゾット
Risotto ai funghi

準備
＊しめじは手でほぐし、エリンギとマッシュルームは一口大に切る。
＊ブロードは熱くしておく。

1 鍋にオリーブ油とにんにくを入れて弱火にかけ、香りが出てこんがりと色づいたら取り除く。きのこ類とイタリアンパセリを加えて炒め、塩、こしょうする。

2 米を加えて炒め、基本の作り方と同様、ブロードを加えながら米の煮え具合を調整する。

3 生クリームとチーズ、バターを混ぜ塩、こしょうで味をととのえる。

4 器に盛りつけ、パセリとチーズ、好みでこしょうをふる。

材料（2人分）
米…160g
エリンギ、しめじ、マッシュルーム…計240g
にんにく（つぶす）…1片
イタリアンパセリ（みじん切り）…大さじ1
生クリーム…50㎖
ブロード（→P.157。またはコンソメスープ）…1ℓ
E.V.オリーブ油…50㎖
グラーナチーズ（粉末）…大さじ2〜3
バター…小さじ2
仕上げ用グラーナチーズ（粉末）…適量
パセリ（みじん切り）…適量
塩、こしょう…各適量

Carmine's

Advice
きのこのうまみと香りをしっかり感じられるように、にんにくは香りが出たら取り出そう。きのこは多めの油でしっかり炒めるとうまみが出るよ。

86

ルーコラの苦みがアクセントになるシンプルリゾット

ルーコラのリゾット

Risotto alla rucola

1 鍋にバターを温め、玉ねぎを少し
色づくまで炒める。米を加えて炒
め、基本の作り方を参考に、ブロー
ドで煮上げる。

2 ルーコラを加えて混ぜ、仕上げ用
のバターとグラーナチーズを加え
る。空気を含ませるように混ぜ合
わせ、味をみて塩、こしょうする。

3 皿に盛り、仕上げにグラーナチー
ズを薄く削ってのせる。

準備
＊ルーコラは粗くざく切りにする。
＊玉ねぎはみじん切りにする。
＊ブロードは熱くしておく。

材料（2人分）
米…160 g
ルーコラ…50 g
玉ねぎ…50〜60 g
バター…30 g
ブロード（→P.157。またはコン
ソメスープ）…約1ℓ
仕上げ用バター…20 g
仕上げ用グラーナチーズ（粉末）
…20 g
仕上げ用グラーナチーズ…少量
塩、こしょう…各適量

材料（6 ～ 8人分）
玉ねぎ…1個
にんじん…小1本
キャベツ…小¼個
葉つきセロリ…1½本
トマト…1個
じゃがいも…1個
ズッキーニ…½本
グリーンピース…40g
マジョラム…3枝
水…3ℓ
E.V.オリーブ油
　…100㎖
塩、こしょう
　…各適量

準備
＊玉ねぎはみじん切りにする。
＊にんじん、キャベツ、セロリ、ズッキーニは1㎝大の薄切りにする。
＊トマトは粗く切る。
＊じゃがいもは1㎝角に切る。

1 鍋にオリーブ油を熱し、玉ねぎを炒める。軽く火が通ったら、にんじん、キャベツ、セロリを加えて炒める。セロリが透明になってきたらトマトを加え、軽く炒める。

2 水、塩大さじ1強、こしょう、マジョラムを加え、強火にして沸騰させたのち、あくを取る。弱火にして約1時間煮込む。

3 じゃがいも、ズッキーニ、グリーンピースを加えて、15分ほど煮る。塩、こしょうで味をととのえる。

メモ
できれば量は多めに作ったほうがよい。量が少ないと、野菜のうまみが出る前に水分がなくなってしまい、十分煮込むことができない。

いろいろな野菜を水だけでじっくり煮込む
ミネストローネ
Minestrone di verdure

Carmine's
Advice
シンプルでとにかくいろいろな野菜を水で煮出してうまみを出すんだよ。ポイントは野菜の切り方。どれも小さめに、ほぼ同じ大きさに切りそろえるんだ。

小さく切ると、ひと口食べたときに、たくさんの種類の野菜が一度に味わえるし、見た目もきれいなんだ。

余ったパンとトマトで作るお粥感覚のスープ

トマトスープ

Pappa al pomodoro

準備
＊ トスカーナパンを1㎝角に切る。
＊ トマトを四つ割りにする。

材料（2人分）
トスカーナパン（またはバゲット）
　…80ｇ
トマト…2個
バジリコ…6枚
にんにく（つぶす）…1片
水…400㎖
卵黄…2個
E.V.オリーブ油…大さじ4
仕上げ用E.V.オリーブ油…少量
塩、こしょう…各適量

1 鍋にオリーブ油とにんにくを入れて火にかける。にんにくが色づいて香りが出てきたら、パン、トマト、バジリコを加え、木べらでつぶしながら炒める。

2 水を加え、塩、こしょうで味つけをして10～15分煮込み、野菜こし器でこす。

3 皿に盛り、中央に卵黄を落としてオリーブ油を回しかける。

Carmine's
Advice
もともと余ったパンやトマトを利用して水で煮出した料理なので、日本のおじやみたいな感覚のもの。料理名の「パッパ」とは柔らかいもののことで、本来は長く煮込んでパンがぐずぐずになったものをそのまま食べるけど、店ではこし器に通してなめらかにするんだ。柔らかいパンは水分を含むとふくれすぎるので、堅くしまったパンで作るのがおすすめ。

卵とチーズをスープに溶き入れた手軽で滋養のある一皿

卵とチーズのスープ ローマ風

Stracciatella alla romana

1 ブロードを鍋に入れて沸騰させる。

2 ボウルに卵、イタリアンパセリ、グラーナチーズ、こしょうを入れて泡立て器でかき混ぜる。

3 沸騰させたブロードを火からはずし、**2**を入れて素早く泡立て器でかき混ぜ、皿に盛る。

材料（2人分）

ブロード（→P.157。またはコンソメスープ）
…500㎖

卵…2個

イタリアンパセリ（みじん切り）
…大さじ2

グラーナチーズ（粉末）…40g

こしょう…適量

→P.157

Carmine's

Advice

このスープは本当に手軽。卵とチーズを溶いたものをブロードに流し入れるだけだから、日本でいう「かき玉汁」みたいなものかな。ブロードを火にかけたまま卵を加えると分離したり、部分的に固まってしまうから注意。なめらかに仕上げるには、火からはずして溶き混ぜることがポイントだよ。

このスープはイタリア各地にありますが、地方や家庭によって、ミネストローネをベースにしたものもあれば、大きなパスタを入れたもの、野菜たっぷりのものなどさまざま。ここで紹介したのはトスカーナ風です。

パスタが入って、
一皿でボリューム感も抜群！

白いんげん豆と
パスタのスープ

Pasta e fagioli

1 鍋にオリーブ油、にんにく、ローズマリーを入れて熱し、香りを出す。裏ごししていない白いんげん豆40ｇを加えてさっと炒める。ホールトマトを加え混ぜ、ブロードを入れて温める。

2 裏ごしした白いんげん豆を加え、タリアテッレを約３cm長さに折りながら加える。タリアテッレが柔らかくなるまで10分ほど煮る。

3 皿に盛り、オリーブ油をかける。

準備
＊ゆでた白いんげん豆60ｇ、ホールトマトをそれぞれ裏ごしする。
＊ブロードは温めておく。

材料（2人分）
ブロード（→P.157。
　またはコンソメスープ）…40㎖
白いんげん豆（ゆでたもの。
　→P.25）…100ｇ
タリアテッレ…100ｇ
ホールトマト（缶詰）…100ｇ
にんにく（つぶす）…1片
ローズマリー…1枝
E.V.オリーブ油…50～60㎖
仕上げ用E.V.オリーブ油…少量

オリーブ油は良質の
エクストラ・ヴァージンを

オリーブ油は、今やすっかり日本に定着し、種類も豊富になり、良質な製品も安定して輸入されるようになりました。

日本ではピュア・オリーブ油とエクストラ・ヴァージン・オリーブ油が売られていますが、イタリアでオリーブ油といえばエクストラ・ヴァージンだけ。なんと、街中のスーパーなどではピュアは売られていないのです！　ピュアはエクストラ・ヴァージンを作ったあとのオリーブの搾りかすに、温度を上げた水を混ぜて再度搾ったもの。どうしても味わいや風味に差が出ます。もしおうちに両方あるなら、サラダや仕上げにかけるなどそのまま食べるときはエクストラ・ヴァージンを、揚げものやソテーするものにはピュアを使用するとよいでしょう。

注目してほしいのは、オリーブ油の産地。イタリアでは地方によって味や風味に特徴があり、まろやかなものや酸味のあるものなど、さまざまです。特

におすすめはトスカーナ産のもの。トスカーナでは木を低くし、油に酸味や辛みが出てくるはしごをかけて手摘みするなど危険があるので、手摘み収穫が一番とされているのです。

ほかにもさまざまな風味のオリーブ油があるので、料理によって、気分によって使い分けると、メリハリが生まれてイタリア料理がより楽しくなりますよ。

日本ではピュア・オリーブ油が多いように思います。木が大きく、本数も多い地方では、機械で振動させたり、熊手のようなもので枝をしごいたりして実を落とします。この方法は地面に落下したときに実が傷つくので丁寧に作られているので上質な油が多いように思います。木が大きく、本数も多い地方では、機械で振動させたり、熊手のようなもので枝をしごいたりして実を落とします。この方法は地

トスカーナにあるカルミネさんの畑で収穫した
オリーブを搾った、オリジナルのオリーブ油。
フレッシュで香り高く、やや緑がかった黄金色。

Pizza

第**3**章

おうちでも、あつあつ ピッツァ

ピッツァをイタリアンと呼ぶと
ちょっとかしこまりすぎていますが、
ピッツァは〝イタリアの国民食〟といっても
過言ではありません。本来は
特別な窯を使って高温で焼きますが、
おうちでも作れるレシピを大公開。
ぜひ、あつあつを召し上がれ！

分厚い生地を
ふっくら焼き上げた
パンタイプ

ピッツェリアで食べるピッツァは、300℃を優に超える高温の窯で瞬時に焼くため、あのカリッとした食感が生まれます。しかし家庭用オーブンは温度を上げても250℃ぐらいのものが主流。この温度で薄手のピッツァを焼くと表面が焦げて底のほうが生焼けになりがちです。家庭用のオーブンで失敗なく作るにはこの分厚いタイプがベスト。じっくり時間をかけてパンのようにふっくらした生地のおいしさがあるピッツァを楽しみます。

おうち風とピッツェリア風のピッツァ

家庭用のオーブンで作れる分厚い生地の「おうち風ピッツァ」と
超高温で薄い生地を焼く「ピッツェリア風ピッツァ」をご紹介します。

サクッとした
軽やかな口あたりの
薄型タイプ

1～2mmほどの薄い生地に、シンプルなトッピングをのせて焼いた薄型ピッツァは、意外なほどあっさり、さっぱり味の仕上がりです。その香ばしさや軽やかな口あたりは高温の窯でさっと焼き上げるから。ピッツァの本場のナポリでは厚手の生地を450℃ほどでさっと焼き上げますが、ローマをはじめとするイタリア各地に定着しているのはこの薄型タイプ。300～400℃のオーブンで短時間で焼き上げます。

Pizza
ピッツァ

ピッツァ生地

材料を混ぜ、まとめる

1 ボウルに生イースト、水100㎖、オリーブ油、塩を入れ、泡立て器でかき混ぜて溶かす。冬場は、水の代わりにぬるま湯を使ったほうが発酵しやすい。

2 強力粉と薄力粉をふるいにかけて大きなボウルに入れる。イーストを溶かした**1**の液体を加える。

3 水を200㎖ほど加える。気温などの影響や粉の状態で生地の仕上がりが違ってくるので、水の分量を加減しながら加える必要がある。この段階ではやや控えめに加えておき、練りながら微調整する。

4 液体を粉全体に行き渡らせるように、手でもみ合わせながら混ぜる。ある程度、粉がまとまってきたら、残りの水を調節しながら加える。

5 さらによく混ぜ合わせ、ひとつのかたまりにまとめる。手のひらで3〜4回こねて、生地を丸く整える。

生地をこねる

6 台の上の生地を取り出し、打ち粉を少量（分量外）ふる。約5分間、生地をこねる。こね方は手前から奥に向かって手のひらで押しのばし、手前に二つ折りにして再び奥に押しのばす。これを繰り返す。

7 こね方のポイントは、常に一定の方向で、生地を回転させながらリズミカルに押しのばすこと。無茶苦茶な方向にこねたり、のんびり時間をかけないように。〝生地は生きもの〟ということを意識して。

おうち風

材料（20×25㎝の天板2枚分）
強力粉…250g
薄力粉…250g
生イースト…10〜15g
（ドライイーストなら5〜7.5g）
E.V.オリーブ油…小さじ1
塩…8g
水…320〜350㎖

ピッツェリア風

材料（直径30㎝の生地6枚分）
強力粉…250g
薄力粉…250g
生イースト…3g
（ドライイーストなら1.5g）
E.V.オリーブ油…小さじ1
塩…8g
水…320㎖

Carmine's Advice
おうち風とピッツェリア風とではイーストの分量が違うんだ。ピッツェリアでは仕込んでから焼くまでの時間に十分発酵するけど、おうちでは発酵後にすぐに焼くのでイーストの分量が多め。こね方や発酵の具合で仕上がりが違ってくるので、それぞれの工程を丁寧にしてほしいな。

モッツァレッラチーズの下処理

淡泊なうまみのあるモッツァレッラチーズは、ピッツァ作りになくてはならないもの。使いやすいように余分な水分を抜き、小さくほぐしておきます。

1 モッツァレッラチーズをざるにのせ、一晩かけて余分な水分を抜いておく。

2 チーズおろし器にかけ、小さなかたまりに絞り出す。器具がないときは、包丁で細かく刻むとよい。

ピッツァソースの作り方

ピッツァはトッピングの味や香りを生かすことが大事。トマトには火を入れず、塩、オリーブ油、バジリコだけの控えめな調味でさわやかな味のソースにします。

材料（おうち風2枚分。ピッツェリア風3枚分）
ホールトマト（缶詰）…300g
E.V.オリーブ油…小さじ1
バジリコ…2枚
塩…小さじ1

1 ボウルの上に野菜こし器(ムーラン)をおき、ホールトマトを裏ごしする。バジリコを5mm幅のせん切りにする。

2 1に、塩、バジリコ、オリーブ油を加え、スプーンでかき混ぜる。

生地を発酵させる

8 こね終わったらきれいな球状に整える。十分にこねられた生地は、空気が入ってぷーっとふくらんだような、柔らかい仕上がりになる。

9 発酵しやすいように、包丁で十文字に切り目を入れる。1cmほどの深さでよい。

10 大きめのボウルに粉をふり、生地をおく。乾いたタオルを直接生地にかぶせる。ラップでは呼吸できないので不向き。夏は常温においておけばよいが、冬はこたつの上や毛布の下などで発酵させる。

生地のでき上がり

11 1時間30分ほどおくと生地がふくらむ。2倍くらいにふくらめばでき上がり。乾燥しないよう、使うまでタオルをかけておく。

材料 （20×25cmの天板1枚分）
おうち風ピッツァ生地…300g
ピッツァソース（→P.97）…160ml
ケイパー…大さじ1強
にんにく（薄切り）…1片分
オレガノ（ドライ）…少量
E.V.オリーブ油…大さじ2

トマトソースにシンプルな
トッピングで飽きない味

マリナーラ風ピッツァ
Pizza marinara

Note
マリナーラとは「水夫風」の意味ですが、魚介がまったく入っていない不思議なピッツァ。マリナーラの名はイタリア全土で使われていますがナポリの人たちだけは「ナポリ風」と呼びます。そしてローマをはじめ他の地域でナポリ風といえば、これにモッツァレッラチーズやアンチョビをのせたものを指します（→P.100）。

生地をのばす・敷く

6 天板の端に生地が余ったり隙間ができていたら、指で生地を押さえてならし、天板の寸法にぴったりと合わせる。

4 麺棒で天板の大きさを測り、その長さを目安にして生地の仕上がり寸法を整える。

1 天板にオリーブ油(分量外)をたらし、指で全体にのばす。オーブンを200℃に予熱する。

ソースと具をのせる

7 生地にやや多めにピッツァソースをのばす。生地の端は1cmほどあけておく。

5 のばし終えた生地を麺棒に巻きつけ、天板に敷く。

2 P.96〜97を参照して生地を作り、発酵させ、打ち粉(分量外)をした台にのせて2つに切る。その1つを使う。麺棒で前後左右に均等にのばし、裏返して反対側ものばす。麺棒に生地がつかないように、ときおり粉をふる。

焼く前

3 生地が四角に広がってきたら、ときどき四辺に麺棒をあて、きれいな四角形に整えながらのばす。端のほうを薄くのばしがちなので、中央を強くのばし、隅は少しずつのばすようにするとよい。

8 ケイパー、にんにく、オレガノ、オリーブ油をかけ、200℃のオーブンで15〜20分かけて焼く。

トマトソースと相性のよい
2つの野菜のトッピング

なすとパプリカのピッツァ

Pizza melanzane e peperoni

材料（20×25cmの天板1枚分）
おうち風ピッツァ生地…300g
ピッツァソース（→P.97）…140㎖
パプリカ（赤）…1個
なす…大1個
E.V.オリーブ油…大さじ2
モッツァレッラチーズ（→P.97）…180g
塩、こしょう…各適量

生地にピッツァソースを塗り、ごく薄切りのなすとパプリカの細切りを散らす。オリーブ油をかけ、最後に塩、こしょうをふってオーブンで焼く。モッツァレッラチーズをふり、再度オーブンに入れてチーズが溶けるまで焼く。

焼く前

アンチョビとモッツァレッラの塩気がきいたおつまみピッツァ

ナポリ風ピッツァ

Pizza napoletana

生地にピッツァソースを塗り、アンチョビ、ケイパー、オレガノを散らし、オリーブ油をかけて焼く。仕上げ間際にチーズをふり、溶けるまで焼く。

焼く前

材料（20×25cmの天板1枚分）
おうち風ピッツァ生地…300g
ピッツァソース（→P.97）…140㎖
アンチョビ（フィレ）…30～40g
ケイパー…20g
オレガノ（ドライ）…少量
E.V.オリーブ油…大さじ2
モッツァレッラチーズ（→P.97）…180g

Carmine's Advice

じゃがいもは身質のしっかりしたメイクイーンを選びごく薄く切ると、くずれずにぱりっと仕上がるんだ。ハーブはローズマリーのほかに、タイムやセージも合うよ。

焼く前

薄切りのじゃがいもがポテトチップスのような食感

じゃがいものピッツァ
ローズマリー風味

Pizza patate e rosmarino

材料（20×25cmの天板１枚分）
おうち風ピッツァ生地…300g
じゃがいも…大¾個
ローズマリーの葉…１〜２枝分
E.V.オリーブ油…大さじ２
塩、こしょう…各適量

じゃがいもは皮をむいて水にさらして薄切りにし、もう一度水にさらしてでんぷんを洗い流し、ペーパータオルで水気を拭き取る。生地にオリーブ油をかけ、じゃがいもを１〜２cmずつずらしながら並べ、塩を心持ち多めにふる。ローズマリーの葉を摘んで散らし、こしょうをふり、もう一度じゃがいもにオリーブ油を行き渡らせるようにかけてオーブンで焼く。

Note

このピッツァはあくまでも、ナポリ以外の地方の人たちがナポリをイメージして作ったもの。アンチョビの塩気がしっかりあるので、塩は使わずに仕上げます。ちなみにナポリの人たちにとっての「ナポリ風」とはマリナーラのこと。

香辛料のきいた生ソーセージをたっぷりのせた一枚

サルシッチャと玉ねぎのピッツァ

Pizza salsiccia e cipolla

生地にピッツァソースを塗り、赤玉ねぎの薄切りとほぐしたサルシッチャを散らし、オーブンで焼き、モッツァレッラチーズをふって溶けるまで焼く。

材料（20×25cmの天板1枚分）
おうち風ピッツァ生地…300g
ピッツァソース（→P.97）…140ml
赤玉ねぎ…¼個
サルシッチャ（粗びきの生ソーセージ）
　…150g
モッツァレッラチーズ（→P.97）
　…180g

焼く前

Carmine's

Advice

ロースハムは厚いとくどくなるので、ごく薄く切ることが大事。意外とさっぱりと感じるんだ。

相性のよい身近な材料で手軽に

ハムときのこのピッツァ

Pizza prosciutto e funghi

材料（20×25cmの天板1枚分）
おうち風ピッツァ生地…300g
ピッツァソース（→P.97）…140ml
ロースハム…100g
マッシュルーム…200g
モッツァレッラチーズ（→P.97）…180g

生地にピッツァソースを塗り、ロースハムとマッシュルームの薄切りを散らしてオーブンで焼く。最後にモッツァレッラチーズをふって溶けるまで焼く。

焼く前

野菜ならなんでもOKの
ヘルシーなピッツァ

菜園風ピッツァ

Pizza ortolana

焼く前

アーティチョークは四つ割り、パプリカは細切り、他の野菜は薄切りにする。生地にピッツァソースを塗り、野菜を散らして塩、こしょうし、オーブンで焼く。最後にモッツァレッラチーズをふって溶けるまで焼く。

材料 （20×25cmの天板1枚分）
おうち風ピッツァ生地…300g
ピッツァソース（→P.97）…140mℓ
アーティチョーク（水煮）…5個
玉ねぎ…⅛個
パプリカ（赤）…½個
ズッキーニ…1本
なす（薄切り）…8枚
マッシュルーム…5個
モッツァレッラチーズ（→P.97）…180g
塩、こしょう…各適量

ピッツァといえばこれ
というほど有名な一枚

ピッツァ・マルゲリータ

Pizza Margherita

材料（直径30cmの生地1枚分）
ピッツェリア風ピッツァ生地
　…140g
ピッツァソース（→P.97）
　…30㎖
モッツァレッラチーズ
　（→P.97）…100g

Note
ピッツァの基本といっても過言では
ない、マルゲリータ。2代目国王の
王妃マルゲリータに捧げられたとこ
ろからこの名がつきました。

ソースと具をのせる

6 ピッツァソースを生地の中心にたらし、スプーンの背で円を描きながら全体にのばす。端1㎝は塗らずにあけておく。

生地をのばす

4 台に粉をふり、生地をおく。手のひらで2〜3回たたいてつぶし、麺棒で前後に1〜2回のばす。裏返して四方に均等にのばしていく。そのつど少量の粉をふる。

5 生地が広がってきたらときどき両手で外側へ引っ張り、麺棒で平らにのばすようにするとよい。直径30㎝の大きさまでのばす。

生地をまとめる

1 P.96〜97を参照して生地を作り、打ち粉（分量外）をした台におく。手に粉をつけて生地を押しつぶしてガス抜きをする。二つ折りにして押す工程を8回くらい繰り返す。140ｇずつ6つに切り分ける。

2 生地を一方の手のひらで支え、もう一方の手で軽く包むようにして持つ。指先で外側の生地を内側に入れ込むようにして4〜5回回転させながら丸い形に整える。

3 きれいに丸めた生地。のばすまで乾燥しないようにタオルをかぶせるかラップをかけておく。

焼く前

7 モッツレッラチーズを全体にくまなく散らし、330〜350℃の高温の窯に入れて焼く。トッピングの種類によって異なるが、2分30秒〜3分で焼き上がる。

辛みの強いカラブリア産サラミを使って刺激的に

カラブリア風サラミのピッツァ
Pizza calabrese

材料（直径30cmの生地1枚分）
ピッツェリア風ピッツァ生地…140g
ピッツァソース（→P.97）…40ml
モッツァレッラチーズ（→P.97）…70g
サラミ（薄切り）…13枚
パプリカ（赤）…½個
オレガノ（ドライ）…少量
赤唐辛子（刻む）…1本
E.V.オリーブ油…大さじ1
塩、こしょう…各適量

パプリカは皮が黒く焦げるまで焼き、皮をむき、細切りにする。塩、こしょう、オリーブ油であえる。生地にピッツァソースを塗り、サラミ、モッツァレッラチーズ、パプリカ、オレガノ、赤唐辛子を散らして焼く。

焼く前

Note
カラブリア風といえば、ほとんどが辛い料理。このピッツァも例外ではなく、特産の辛いサラミソーセージに刻んだ赤唐辛子を合わせたピリ辛タイプ。ただ、辛いだけではなく、唐辛子特有の風味も楽しみます。

チーズのおいしさを存分に堪能する

4種のチーズのピッツァ
Pizza quattro formaggi

材料（直径30cmの生地1枚分）
ピッツェリア風ピッツァ生地…140g
ピッツァソース（→P.97）…40ml
モッツァレッラチーズ（→P.97）…70g
ゴルゴンゾーラチーズ、クリームチーズ、タレッジョ…計100g

生地にピッツァソースを塗り、上にチーズを手でちぎって散らして焼く。

焼く前

焼く前

マリネした魚介をたっぷりのせて贅沢に

海の幸のピッツァ

Pizza frutti di mare

1 やりいかは皮をむいて5mm幅の輪切りにし、ムール貝はきれいに洗って汚れを取っておく。

2 えび、やりいか、ムール貝、あさりをゆでる。ムール貝の殻が開いたら、お玉で取り出してボウルに移す。塩、オリーブ油、レモン汁、イタリアンパセリ、こしょうをふって、さっとあえる。

3 生地にピッツァソースを塗り、モッツァレッラチーズを全体に散らし、魚介を均等にちりばめて焼く。

材料（直径30cmの生地1枚分）
ピッツェリア風ピッツァ生地…140g
ピッツァソース（→P.97）…40㎖
モッツァレッラチーズ（→P.97）…70g
むきえび…8尾
やりいか…1ぱい
ムール貝…4個
あさり（むき身）…16個
E.V.オリーブ油…大さじ2
イタリアンパセリ（みじん切り）
　…少量
レモン汁…½個分
塩、こしょう…各適量

材料（直径30cmの生地1枚分）
ピッツェリア風ピッツァ生地
　…140g
トマト…1個
ルーコラ…40g
E.V.オリーブ油…大さじ2
モッツァレッラチーズ（→P.97）
　…70g
塩、こしょう…各適量

生地にモッツァレッラチーズをのせてこしょうとオリーブ油をかけて焼く。皮つきのまま薄い輪切りにしたトマトとざく切りのルーコラを盛り、塩、こしょう、オリーブ油（分量外）を回しかける。

トマトとルーコラの サラダ風ピッツァ
Pizza Volpaia

Carmine's Advice
ピッツァの名前のとおり、「きまぐれに」その場の思いつきでいろいろのせてみるといいよ。一般的に卵はゆで卵をのせることが多いんだけど、生卵を落として半熟に焼き、とろとろの状態を味わうのもおいしいんだ。

焼く前

とろとろの卵とトッピングの
豊富さが楽しみな一枚
気まぐれピッツァ
Pizza capricciosa

材料（直径30cmの生地1枚分）
ピッツェリア風ピッツァ生地
　…140g
ピッツァソース（→P.97）…40ml
モッツァレッラチーズ（→P.97）…70g
ソーセージ…50g
アーティチョーク（水煮缶詰）…1½個
ポルチーニ茸（水煮缶詰）…50g
黒オリーブ…6個
卵…1個

生地にピッツァソースを塗り、チーズ、適宜に切った具、卵の順にのせて焼く。

焼く前

ピッツェリア風ピッツァ

Carmine's
Advice
これは僕の店「ヴォルパイア」のオリジナルなんだ。定番もいいけど、大勢でいろいろ食べるときはこんな軽いタイプのピッツァもおすすめだよ。

トマトは焼きたてのあつあつの生地にのせると余熱で温まって、チーズとのコンビネーションが絶妙だよ。

ほうれん草に
とろとろ卵がからんで、栄養満点
フィレンツェ風ピッツァ
Pizza fiorentina

材料（直径30cmの生地1枚分）
ピッツェリア風ピッツァ生地
　…140g
ほうれん草…½束
にんにく（みじん切り）…1¼片分
サルシッチャ（粗びきの生ソーセージ）
　…½本
卵…1個
カッテージチーズ…50g
モッツァレッラチーズ（→P.97）
　…50g
E.V.オリーブ油…大さじ2
塩、こしょう…各適量

焼く前

生地にモッツレッラを散らし、柔らかく塩ゆでしたほうれん草をにんにく、塩、こしょう、オリーブ油であえ、ほぐしたサルシッチャ、カッテージチーズ、卵とともにのせて焼く。

Note
ほうれん草を使った料理には、フィレンツェ風と名前がつきます。一説にはフィレンツェ出身のカトリーヌ・ド・メディシスの大好物だったといわれているから。ほうれん草には生クリーム、チーズや卵の組み合わせが多く見られます。

109

スモークサーモンの
ピッツァ

Pizza al salmone affumicato

材料（直径30cmの生地1枚分）
ピッツェリア風ピッツァ生地…140g
スモークサーモン（薄切り）…8枚
赤玉ねぎ…20g
ルーコラ…10g
レモン（輪切り）…4〜5枚
モッツァレッラチーズ（→P.97）…70g
こしょう…適量

生地にモッツァレッラをのせ、こしょうをかけて焼き上げる。スモークサーモン、赤玉ねぎの薄切り、レモンのいちょう切りと、ルーコラの細切りをのせる。

Carmine's
Advice
アンティパスト的なピッツァだから、トッピングの材料は"薄く、小さく"を心がけてね。

焼く前

具をのせて二つ折りにした詰めものタイプ
カルツォーネ

Calzone

材料（直径30cmの生地1枚分）
ピッツェリア風ピッツァ生地…140g
モッツァレッラチーズ（→P.97）…70g
ロースハム（薄切り）…50g
マッシュルーム（薄切り）…30g
ピッツァソース（→P.97）…大さじ1
E.V.オリーブ油…大さじ1

生地に3種の具を3段に重ねて盛り、2つに折って端をたたいてしっかり留める。焦げつき防止のためにピッツァソースを塗って焼く。オリーブ油を塗る。

Note
カルツォーネとはズボンの意味。二つ折りにした生地の両端を折り曲げてズボンに見立てています。

焼く前

パン代わりのピッツァ

Focaccino
フォカッチーノ

カリッとした食感が料理のおともにぴったり
フォカッチーノ
Focaccino

材料（直径30cmの生地1枚分）
ピッツェリア風ピッツァ生地…140g
E.V.オリーブ油…小さじ1
塩、こしょう…各適量

薄くのばしたピッツァ生地を焼き、オリーブ油を塗って塩、こしょうをする。

Note
イタリアのピッツェリアでは料理に添えるパン代わりにフォカッチーノを作ります。香ばしさとカリッとした食感がパンでは味わえないおいしさです。

焼く前

熱い生地の上で柔らかくなった生ハムが絶品
生ハムとルーコラをのせたフォカッチーノ
Focaccino al prosciutto e rucola

材料（直径30cmの生地1枚分）
ピッツェリア風ピッツァ生地…140g
E.V.オリーブ油…小さじ1
生ハム（薄切り）…8枚
ルーコラ…20g
こしょう…少量

オリーブ油を塗り、こしょうをして焼き、生ハムとルーコラを盛る。

焼く前

Carmine's
Advice
これは焼いた生地に具をのせるアンティパストタイプ。トマトソースもモッツァレッラも使わないからピッツァとはいわないんだ。ハム、ソーセージ、チーズ、ドライトマトなどを盛りつけるのもおすすめだよ。

Schiacciata
スキャッチャータ

ベーコンの塩味がきいた
おやつ感覚のパン

ベーコン入り
スキャッチャータ
Schiacciata con guanciale

材料（20×25cmの天板1枚分）
おうち風ピッツァ生地…400g
ベーコン（拍子木切り）…60g
粗塩、こしょう…各適量

生地にベーコンを散ら
し、粗塩、こしょうを
ふって、200～220℃
のオーブンで15～20分
焼く。

焼く前

Note

スキャッチャータはピッツァ生地を
厚めに焼いたパン状のもの。食事の
ときのパンというよりは、おやつに
食べたり、プレーンなものに具をは
さんで、軽食用に食べることの多い
ものです。ローマなどではフォカッ
チャと呼びます。

2枚の生地で
オリーブをはさんで
ボリューム満点

オリーブ入り
スキャッチャータ
Schiacciata alle olive

材料（30×40cmの天板1枚分）
おうち風ピッツァ生地…600g
グリーンオリーブ…30個
E.V.オリーブ油…大さじ2
塩、こしょう…各適量

生地にオリーブをのせて上の生地をか
ぶせたら、オリーブのまわりをしっか
り指で押さえて生地をくっつける。塩、
こしょう、オリーブ油をふって焼き、
再度オリーブ油を塗る。

焼く前

ピッツァ生地を
スポンジやパイ代わりに

スキャッチャータ
デザートピッツァ

クリーム＆フルーツで
タルト風に楽しむドルチェ

フルーツの
デザートピッツァ
Pizza dolce alla frutta

材料（直径30cmの生地1枚分）
ピッツェリア風ピッツァ生地…140g
グラニュー糖…大さじ1
キルシュ酒…小さじ1
カスタードクリーム（→P.141）…200g
洋梨（薄切り）…1個
液状チョコレート…大さじ2
大粒のぶどう（巨峰など）…7粒
粉糖…適量

生地にグラニュー糖をふって焼き、冷
ます。キルシュ酒をふり、カスタード
クリームをのばして洋梨を並べてチョ
コレートをかけ、ぶどうを散らして粉
糖をふる。いちごや桃もよい。

人気のドルチェも
ピッツァ生地ならとっても手軽

ピッツァ風ティラミス
Pizza tirami su

材料（直径30cmの生地1枚分）
ピッツェリア風ピッツァ生地…140g
濃いめのエスプレッソ…20㎖
マスカルポーネクリーム（→P.138）
　…200g
ココアパウダー、ホワイトチョコレート
　…各適量

素焼きして冷ました生地に
エスプレッソをしみ込ませ、
マスカルポーネのクリーム
をたっぷり塗る。ココアパ
ウダーをふりかけ、ホワイ
トチョコを削って散らす。

Pane

イタリア各地の
食事パン

フォカッチャ

オリーブ油を練り込んだパン
で、ピッツァの原型といわれ
ている。イタリア全土にある
が、発祥はジェノヴァ。オリ
ーブやローズマリー、ドライ
トマ〵などをのせたものが定
番で、「フォカッチェリア」
と呼ばれる専門店では、量り
売りも可能。

グリッシーニ

日本でもよく知られるスティ
ック状のパン。カリッとした、
おつまみのようなもの。生ハ
ムを巻いたり、アンティパス
トといっしょに食べる。トリ
ノ生まれで、ナポレオンの好
物だったともいわれている。

ロゼッタ

中が空洞で、かみごたえのあ
る皮を楽しむパン。専用の押
し型に入れて焼かれ、その型
でクープ（切り目）がしっかり
入るため、上にふくらまず、
横に広がるのが特徴。基本的
には横半分に切り、パニーノ
（具をはさんで焼いたもの）に。

パーネ・トスカーノ

塩の入っていない食事パン。
トスカーナの料理は塩が強い
ため、パンには塩を入れない
といわれているが、昔は塩が
高価で一時期トスカーナでは
塩の使用を規制していたなご
りともいわれている。

イタリアではパスタ抜きの食事
はありますが、パンなしの食事
はありません。パンは食事をお
いしく食べるための〝箸休め〟
的な存在。味の濃いものを食べ
たあとに、シンプルなパンで口
の中をすっきりさせ、また次の
料理を食べます。料理をおいし

く食べるために、陰ながら欠か
せないものなのです。

シンプルな食事パンはイタリ
ア全土にさまざまありますが、
もっともポピュラーなのは「パ
ーネ・カザレッチョ」。日本で
は「田舎パン」という2名で売ら
れているもので、表面は堅く焼

き締まってゴツゴツした感じで
すが、中は身が詰まっていて柔
らかく、かみしめると味わいの
出てくるパンです。カザレッチ
ョとは〝自家製の〟とか〝手作
りの〟といった意味で、昔は家
で手作りするのが当たり前だっ
たことからその名がつけられた
のでしょう。

そのほか、有名なものがトス
カーナの塩なしパン「パーネ・
トスカーノ」。塩が入っていな
いので、最初はものたりない気
がしますが、食べ慣れると料理
をおいしく食べるにはこれが一
番。そしてトリノ発祥の細長い
棒状をした「グリッシーニ」、
バラの形に焼いたローマの「ロ
ゼッタ」、ピッツァ生地で作る
ジェノヴァの「フォカッチャ」
などが有名です。

ところでイタリアではパンに
はなにもつけません。オリーブ
油をつけるようにすすめる店も
ありますが、考えられません。
きちんと味つけされた料理に
は、シンプルなパンが一番です。

Secondo Piatto

第4章

とっておきのメインディッシュ
セコンド
ピアット

第二の皿、セコンドピアット。
メイン料理です。
レストランでは肉と魚の両方を
選ぶこともありますが、
おうちではどちらか一方で十分。
素朴な郷土料理や
ハーブの風味を生かした
シンプルなものがほとんどです。

塩、こしょう、レモンのみでシンプルに牛肉をいただく

牛肉のステーキ
Tagliata di manzo

Carmine's

Advice

日本でステーキというとご馳走だけど、イタリアでは牛肉が安いので、料理をする時間のないときや、疲れていてなにも作りたくないときなどに作ることが多いんだ。焼き時間は好みだけど、紹介しているのはフッ素樹脂加工のフライパンでミディアムレアに仕上げるレシピ。鉄のフライパンなら、もう少し油を多めに、中火で2〜3分、返して3〜4分くらいでいいよ。

たっぷりのルーコラが
薬味のようでさわやかなあと味に

牛肉のステーキ ルーコラ添え

Tagliata di manzo alla rucola

材料（2人分）
牛ロース肉…1枚（200～250ｇ）
E.V.オリーブ油…小さじ½
バター…小さじ1
塩、こしょう…各適量
レモン…⅛個
レタス、トレヴィス…各適量

準備
＊牛ロース肉に塩、こしょうをする。

1 フライパンにオリーブ油を温める。弱火でまず片面を3～4分焼き、返して弱火のまま5～6分焼く。

2 仕上げにバターを加えて風味をつけ、皿に盛り、レモンと野菜を添えてオリーブ油（分量外）をかける。

準備
＊ルーコラは1㎝幅のざく切りにする。
＊牛ロース肉に塩、こしょうをする。

材料（2人分）
牛ロース肉
　…1枚（200～300ｇ）
ルーコラ…7～8枚
E.V.オリーブ油…適量
バルサミコ酢…適量
レモン汁…適量
塩、こしょう…各適量

1 牛肉のステーキと同様に焼く。
2 焼き上げたステーキを切り分けて皿に盛り、ルーコラをのせる。オリーブ油、バルサミコ酢、レモン汁をかける。

Carmine's

Advice
グリルパンで焼くときは、あらかじめ肉にオリーブ油を少量かけておくといいよ。独特の苦みがあるルーコラは、薬味感覚でたっぷりのせるとさっぱり食べられるんだ。

生ハムを重ねてソテーした伝統的な仔牛料理を南イタリア風にアレンジ

仔牛のサルティンボッカ ソレント風
Saltimbocca alla sorrentina

材料（2人分）
仔牛もも肉（1枚40gの薄切り）
　…4枚
セージの葉…8枚
生ハム（もも肉と同じ大きさの薄
　切り）…4枚
赤ワイン…60㎖
トマトソース…100g
ブロード（→P.157。または水）
　…大さじ2
モッツァレッラチーズ（20gの薄
　切り）…4枚
E.V.オリーブ油…大さじ1
バター…15g
こしょう、薄力粉…各適量

準備
＊仔牛もも薄切り肉を肉たたきでたた
き、約2倍の大きさにのばしてこしょ
うをふる。

つけ合わせ
じゃがいもの皮をむいて2㎝角に切
り、塩ゆでする。水気をきり、ヴィネ
ガー、オリーブ油、イタリアンパセリ
のみじん切り、塩、こしょうで調味。

1 4枚のもも肉にそれぞれセージを
2～3枚、生ハムを1枚ずつ重ね、
上から手でパンパンとたたいて密
着させる。全体に薄力粉をまぶす。
フライパンを熱してオリーブ油と
バターを溶かし、最初に生ハムを
下にしてソテーする。途中で裏返
して両面を焼く。

2 油を半量捨て、赤ワインを加えて
煮つめ、アルコール分をとばす。
トマトソースとブロードを加えて
沸騰させる。モッツァレッラチー
ズの薄切りを1組に1枚ずつのせ、
ふたをして1～2分火を通す。チ
ーズが溶けて、ソースに少し流れ
落ちていればでき上がり。

Carmine's

Advice
サルティンボッカはクラシッ
クな料理。基本はローマ風で、
ソテーした肉に白ワインとだ
しを加えて、ソースに仕上げ
たものなんだ。南イタリアで
はトマトやモッツァレッラが
身近にあるから使ってるけど、
これもおいしくておすすめ。
気をつけてほしいのは生ハム
は塩気が強いので、肉にふる
のはこしょうだけだよ。

赤ワインとトマトの水分のみで煮込み、うまみを凝縮

牛肉と白いんげん豆の煮込み

Spezzatino di manzo con fagioli

材料（4人分）

牛もも肉…500〜600ｇ
玉ねぎ…100ｇ
にんじん…50ｇ
セロリ…50ｇ
ローズマリー…1枝
セージ…1枚
赤ワイン…250㎖
ホールトマト（缶詰）…540ｇ
白いんげん豆（ゆでたもの。→P.25）
　…150ｇ
E.V.オリーブ油…60㎖
イタリアンパセリ（みじん切り）
　…少量
塩、こしょう、薄力粉…各適量

準備
＊牛もも肉を3〜4㎝角に切り、塩、こしょう、薄力粉をまぶす。
＊玉ねぎ、にんじん、セロリ、ローズマリー、セージは粗めのみじん切りに。
＊ホールトマトは裏ごししておく。

1 フライパンを熱してオリーブ油25㎖を入れ、牛もも肉の表面を焼き固める。

2 鍋にオリーブ油35㎖を入れて熱し、みじん切りにした野菜と香草を入れて炒める。**1**の肉を加えて全体を混ぜ合わせる。

3 赤ワインを加えて半量になるまでに煮つめたのち、ホールトマトを加えてざっと混ぜ合わせる。塩小さじ1弱とこしょう少量を加え、ふたをして約1時間30分煮込む。途中で2〜3回かき混ぜ、肉に味をなじませる。

4 仕上がり5分ほど前に白いんげん豆を加え、煮込む。皿に盛り、イタリアンパセリを散らす。

Carmine's

Advice

牛肉の煮込みにはもも肉を使うんだ。ももはロースやフィレに比べて堅いので、時間をかけて煮込んで、繊維をほぐしながら同時にうまみを出すこの調理法が向くんだ。煮込みは多めに作ったほうがおいしいので、このくらいの分量で作ってほしいな。冷蔵庫で1週間くらいはもつし、肉をつぶしてペンネなどボリュームのあるパスタのソースにしてもおいしいよ。

カリッと揚げた仔羊をトマトとモッツァレッラで食べやすく

仔羊のカツレツ ボローニャ風

Costoletta d'agnello alla bolognese

準備

＊オーブンを200℃に予熱する。
＊仔羊ロース肉の脂は包丁で取り除き、肉たたきでたたいて1mmほどにごく薄くのばして塩、こしょうをふる。形がいびつになったら、肉の周囲を切り取ってきれいな形に整える。

1 肉に薄力粉、とき卵、パン粉の順につけ、手のひらで強く押しつけてころもをぴったりつける。

2 フライパンにオリーブ油とバターを入れて熱し、1を入れる。揚げるような感じで薄く焼き色がつくまで両面を焼く。

3 2を耐熱皿に移して生ハムとモッツァレッラチーズを重ね、オーブンに入れ、チーズが溶けるまで6分ほど焼く。

4 皿にトマトソースを流し、3を盛る。中央にバジリコをのせる。

材料（2人分）

仔羊ロース肉（骨つき）…2枚
ころも
　薄力粉、とき卵、パン粉
　　…各適量
生ハム（薄切り）…2枚
モッツァレッラチーズ
　（スライス）…4枚
トマトソース（→P.39）…大さじ4
E.V.オリーブ油…大さじ3
バター…30g
塩、こしょう…各適量
飾り用バジリコ…適量

Carmine's Advice

これは肉の薄さが決め手！すぐに火が通るので、バターとオリーブ油のフレッシュな風味が生きていて、とても香ばしくおいしく感じるんだよ。仔羊が苦手な人も、これはおいしく食べられるとファンが多いんだ。

こんがり焼いた鶏肉にピリ辛にんにくオイルソースがマッチ

鶏肉の悪魔風

Pollo alla diavola

材料（2人分）

ひな鶏…1羽（約450g）
塩、こしょう、E.V.オリーブ油
　…各適量
ソース
┌ 赤唐辛子…4本
│ にんにく（小さめの薄切り）
│　…1/2片分
│ イタリアンパセリ（みじん切り）
│　…ふたつまみ
│ E.V.オリーブ油…50mℓ
│ レモン汁…1/2個分
└ 塩…適量

準備

＊オーブンを200℃に予熱する。
＊ひな鶏は胸肉、手羽肉、もも肉をつなげたまま片身ずつ骨からはずす（左右2枚とれる）。手羽肉ともも肉の骨はつけたままにする。塩、こしょう、オリーブ油をまぶす。

つけ合わせ

1cm角に切ったトマト、マッシュルームの薄切り、適当な大きさにちぎったサニーレタス、トレヴィス、マーシュをドレッシング（→P.23）であえる。

1 オーブンで鶏肉の身のほうを上にして15分ほど焼く。途中裏返し、皮目も15分焼く。

2 赤唐辛子を手で細かくちぎり、にんにくといっしょにボウルに入れ、残りのソースの材料を加えて泡立て器で混ぜる。

3 焼き上がった鶏肉を皿に盛り、ソースをかけ、つけ合わせを添える。

Carmine's

どうして悪魔風なのかって？一枚に広げた鶏が焼かれるさまが地獄のようだということかららしいよ。網で焼くと肉から落ちる脂によって炎が上がって火あぶりのイメージがあるからなんだって。

Advice

ひな鳥1羽を使うため、厚みを均一にして、火の通りをよくすることがポイントだよ。ソースに赤唐辛子を4本も使ってるけど、加熱してないので思ったほど辛くなく、香りがいきいきとしたおいしいオイルソースなんだ。

淡泊な鶏胸肉をこくのあるソースでいただく

鶏胸肉のソテー ヴェルモット風味
Petto di pollo al vermut

1 フライパンを熱してオリーブ油とバターを入れ、鶏肉を中火で皮目から焼く。淡い焼き色がついたら裏返して身のほうも同様に焼く。ふたをして弱火でときどき返しながら5〜10分ほど焼く。

2 ヴェルモット酒を加えて煮つめる。鶏肉を取り出し、スーゴ・ディ・カルネを加えてとろみが少しつくまで煮つめる。

3 鶏肉を4等分に切って皿に盛り、ソースをかける。

準備
※鶏胸肉は半分に切り、塩、こしょう、薄力粉をまぶす。

つけ合わせ
じゃがいもは皮をむいて2cm角に切り、塩ゆでする。ドレッシング（→P.23）とイタリアンパセリのみじん切りであえる。マーシュとともに添える。

材料（2人分）
鶏胸肉…200g
塩、こしょう、薄力粉…各適量
ヴェルモット酒…80㎖
スーゴ・ディ・カルネ（または市販のフォン・ド・ヴォー）…40㎖
E.V.オリーブ油…大さじ1
バター…20g

ヴェルモットとは白ワインに香草などを漬け込んだお酒で、北イタリア・ピエモンテの名産なんだ。

Carmine's
Advice
淡泊な鶏胸肉を濃厚なソースでいただく料理。皮は好みではずしてもいいけど、皮つきのままのほうが風味もあり、おいしく食べられるよ。

たっぷりの野菜とともに煮込んだ風味豊かなマンマの味

鶏肉と野菜の煮込み

Pollo stufato con verdure

1 鍋にオリーブ油50㎖を入れて熱し、玉ねぎをしんなりするまで炒める。セロリ、パプリカ、ズッキーニを加え、さらに炒める。ホールトマトを入れて沸騰させて火を止める。

2 フライパンにオリーブ油50㎖を熱し、鶏肉をすべて入れてソテーし、表面にしっかり焼き色をつける。

3 **1**の鍋を火にかけ、**2**の鶏肉を入れてブロードを加える。半分に折ったローズマリーとローリエ、イタリアンパセリふたつまみを入れる。沸騰したら塩、こしょうし、ふたをして弱火に落とし、約30分煮込む。

4 器に盛りつけ、イタリアンパセリをふる。

準備
＊鶏もも肉はそれぞれ2等分する。もも肉、手羽元、手羽先に塩、こしょう、薄力粉をまぶしておく。
＊玉ねぎはみじん切りにする。
＊セロリ、パプリカ、ズッキーニは1〜2㎝角に切る。

Carmine's
Advice
これぞマンマの料理という、鶏の煮込み。イタリアでは普通の家庭の主婦でも鶏を1羽まるごと買ってきて料理するから、1羽分をほぼまるごと使うこんな料理が定番になるんだ。ただ、胸肉は煮込むとぱさぱさになるから、ほかの料理に回すといいよ。

材料（3〜4人分）
鶏もも肉、手羽元、手羽先（いずれも骨つき）…各2本（計500ｇ）
玉ねぎ…⅓個
セロリ…½本
パプリカ（赤、黄）…各¼個
ズッキーニ…½本
ホールトマト（缶詰）…90g
ブロード（→P.157。または水）…270㎖
ローズマリー…2枝
ローリエ…2枚
イタリアンパセリ（みじん切り）…適量
E.V.オリーブ油…100㎖
塩、こしょう、薄力粉…各適量

骨つきの豚肉をしっかり蒸し焼きしたボリュームのある一皿

豚ロース肉と白いんげん豆のトマト煮

Braciola di maiale con fagioli all'uccelletto

1 鍋にオリーブ油30mℓとにんにく、セージを入れて熱し、香りが出てきたら白いんげん豆を加えて炒める。ホールトマトを加えて沸騰させ、いったん火を止める。

2 フライパンにオリーブ油30mℓを入れて熱し、豚肉をソテーする。うっすら焼き色がついたら裏返して同様にソテーする。

3 2を1の白いんげん豆のトマト煮の中に入れ、ブロードを加えて沸騰させたのち、軽く煮つめ、ふたをして弱火で5〜10分煮る。

4 皿に盛り、イタリアンパセリを全体にふる。

準備
＊豚ロース肉に塩、こしょう、薄力粉をまぶす。

材料（2人分）
豚ロース肉（骨つき）
　…2枚（130g×2）
塩、こしょう、薄力粉…各適量
にんにく（つぶす）…1片
セージ…4枚
白いんげん豆（ゆでたもの。→P.25）
　…150g
ホールトマト（缶詰）…70g
ブロード（→P.157。またはコンソメスープ）…100mℓ
イタリアンパセリ（みじん切り）
　…少量
E.V.オリーブ油…60mℓ

準備
＊玉ねぎはみじん切りにする。
＊生ハムは短冊切りにする。
＊グリーンオリーブは1個を4等分く らいの大きさに切る。
＊豚フィレ肉に塩、こしょう、薄力粉 をまぶす。

味の強い素材と淡泊なフィレ肉の組み合わせが好相性

豚フィレ肉のシチリア風

Filetto di maiale alla siciliana

1 フライパンにオリーブ油を入れて 熱し、豚肉をソテーする。薄く焼 き色がついたら裏返し、同様にソ テーする。玉ねぎと生ハムを加え ていっしょに炒める。玉ねぎがし んなりし、透き通ってきたら白ワ インを加えて若干煮つめる。

2 ホールトマトとグリーンオリーブ、 ケイパー、ブロードを加え、沸騰 させたのち軽く煮つめる。塩、こ しょうで味をととのえる。

材料（2人分）
豚フィレ肉（2cm厚さ）…4枚
玉ねぎ…大さじ2
生ハム…40g
白ワイン…80㎖
ホールトマト（缶詰）…2〜3個
グリーンオリーブ…6個
ケイパー…20粒
ブロード（→P.157。または水）
　…30〜40㎖
E.V.オリーブ油…大さじ3
塩、こしょう、薄力粉…各適量

Note

イタリアでは豚肉はハムやソーセー ジなどの肉加工品にされることが多 く、料理にはフィレかロースしか使 わないのでバリエーションがあまり ありません。この料理は淡泊なフィ レ肉にグリーンオリーブやケイパー、 生ハム、トマトなど個性の強い素材 をたくさん使います。シチリアには 豚肉料理に限らず、こういう味の傾 向のものが多く見られます。

豚フィレ肉のパンチェッタ巻き マスタードソース

Medaglione di maiale alla senape

つけ合わせ
じゃがいもは皮をむいて薄く切り、塩ゆでしてオリーブ油、塩、こしょうをふる。

1 フライパンにオリーブ油とバター10gを入れて熱し、豚肉をソテーする。焼き色がついたら裏返して焼き、またパンチェッタを巻いた側面もカリッと焼く。白ワインを加えて軽く煮つめ、スーゴ・ディ・カルネを加えて再度煮つめる。

2 1を取り出して皿に盛る。同じフライパンに粒マスタードとバター10gを加え混ぜ、豚肉にかける。

準備
＊豚フィレ肉は厚みを半分に切り開く。まわりをパンチェッタで巻き、端を楊枝で留める。塩、こしょうをふる。

材料（2人分）
豚フィレ肉（3㎝厚さ）…2枚
パンチェッタ（薄切り）…2枚
白ワイン…50〜70㎖
スーゴ・ディ・カルネ（または市販のフォン ド・ヴォー）…大さじ2
粒マスタード…小さじ1
バター…20g
E.V.オリーブ油…大さじ1
塩、こしょう…各適量

Carmine's

Advice
パンチェッタを巻くときは、肉一枚を開いたものとわからないほど、しっかりと寄せて巻くといいよ。

パンチェッタ部分も焼いてカリッとさせ、脂分をしっかり出すと淡泊なフィレにこくがプラスされるんだ。

ハーブとにんにくをすり込んだ風味豊かな串焼き

豚肩ロース肉の串焼き フェンネル風味

Spiedo di maiale al finocchio

Note
豚肉にもっとも合う香草は、フェンネルかローズマリーといわれています。ここでは豚肩ロース肉にフェンネルをまぶしつけ、香りづけして串焼きにしました。

1 フライパンにオリーブ油を入れて熱し、豚肉をソテーする。全体に焼き色をつけて、耐熱皿に移してオーブンで5分ほど焼く。

2 再び**1**のフライパンを火にかけて、オーブンから出した肉を戻し、白ワインを加える。さっと煮つめてアルコール分をとばし、イタリアンパセリとバターを加えて温める。

準備
＊ボウルに下味用調味料をすべて合わせ、ロース肉を一口大より大きめに切って入れ、よくもんでから竹串に刺す。
＊オーブンを200℃に予熱する。

つけ合わせ
1cm角に切ったトマト、マーシュ、トレヴィス、サニーレタスにドレッシング（→P.23）をかける。

材料（2人分）
豚肩ロース肉…240g
下味用調味料
┌ フェンネルシード…小さじ1
│ にんにく（薄切り）…1片分
│ イタリアンパセリ（みじん切り）
│　…ふたつまみ
│ E.V.オリーブ油…大さじ2
└ 塩、こしょう…各適量
白ワイン…60㎖
イタリアンパセリ（みじん切り）
　…ふたつまみ
バター…30g
E.V.オリーブ油…大さじ2

南イタリアの定番食材を使った魚料理

いわしとトマトの オーブン焼き

Teglia di salde al forno

材料（2人分）
真いわし…4尾（300ｇ）
にんにく（つぶす）…1片
ホールトマト（缶詰）…150ｇ
オレガノ（ドライ）…ひとつまみ
ケイパー…15粒
イタリアンパセリ（みじん切り）
　…ひとつまみ
E.V.オリーブ油…適量
塩、こしょう、薄力粉…各適量

準備
＊いわしの頭と内臓を取り除き、きれいに水洗いして水分を拭き取る。塩、こしょう、薄力粉をまぶす。
＊オーブンを220℃に予熱する。

1 フライパンにオリーブ油を熱し、いわしを入れて両面をこんがりと焼く。耐熱容器にきれいに並べる。

2 1のフライパンを火にかけてにんにくを入れ、香りを出す。ホールトマトを加え、つぶしながら沸騰するまで温める。塩、こしょうし、さらに1〜2分煮込む。

3 2を1の上にかけ、オレガノ、ケイパー、イタリアンパセリをふり、オリーブ油を大さじ1ほどかける。オーブンに入れて15分ほど焼く。

Carmine's

最近のいわしは小さいから1人分2尾くらいは用意したほうがいいよ。いわしの代わりにあじで作ってもおいしいので試してみて。

Advice
この料理は典型的な家庭料理で、冷めてもおいしいから僕はお弁当にもよく持って行ったんだ。

1 アルミ箔を20×30cmに切り、中央にすずきをおく。香草類とトマトとエシャロットをのせ、オリーブ油と塩、こしょうをふりかける。アルミ箔をかぶせ、隙間ができないように周囲を折りたたむ。

2 オーブンに入れて、約10分焼く。

Carmine's

Advice

包み焼きはカルトッチョといって、魚介だけでなく、肉や野菜でも何でも作れるんだ。アルミ箔やオーブンシートなどで密封して焼くので風味が逃げないんだよ。少し堅めにゆでたリングイーネなどのパスタを加えるとボリュームのある一皿になるよ。

準備
＊すずきに塩、こしょうをし、オリーブ油少量でさっとソテーする。
＊エシャロットを薄切りにする。
＊ディル、タイム、万能ねぎは1cm長さに切る。
＊トマトは1cm角に切る。
＊オーブンを250℃に予熱する。

つけ合わせ
じゃがいも½個は皮をむいて1cm角に切り、堅めに塩ゆでする。耐熱皿に入れてローズマリー1枝とつぶしたにんにく1片、E.V.オリーブ油適量をふり、250℃のオーブンで約5分ローストする。イタリアンパセリのみじん切りをふる。

材料（2人分）
すずき（切り身）…2枚（160ｇ）
トマト…60ｇ
エシャロット…小¼個
ディル、タイム、万能ねぎ
　…計15ｇ
E.V.オリーブ油…適量
塩、こしょう…各適量

ハーブといっしょに蒸し焼きにした
風味豊かな一品

すずきの包み焼き
ハーブの香り
Trancia di spigola alle erbe aromatiche

舌びらめのフライ パルマ風

Sogliola alla parmigiana

準備

＊舌びらめは端から皮を引っ張ってむき、ひれをはさみで切って塩、こしょうする。

＊卵はときほぐす。

＊パン粉、グラーナチーズ、イタリアンパセリをバットに混ぜ合わせる。

材料（2人分）

舌びらめ…2尾

塩、こしょう…各適量

薄力粉…適量

卵…1個

パン粉…50～60g

グラーナチーズ（粉末）…30g

イタリアンパセリ（みじん切り）
　…ひとつまみ

揚げ油…適量

仕上げ用

┌ E.V.オリーブ油…適量

│ グラーナチーズ…適量

│ イタリアンパセリ（みじん切り）

└ 　…適量

レモン…¼個

1 舌びらめに薄力粉をまぶし、余分な粉をはたいて落とす。とき卵、ミックスしたパン粉の順にまぶす。

2 揚げ油を高温に熱し、こんがりと揚げる。取り出して油をきる。

3 皿にのせ、オリーブ油、グラーナチーズの粉末と薄く削ったもの、イタリアンパセリをふりかける。くし形レモンを添える。

Carmine's

Advice

舌びらめは淡泊なので、フライに向いてるんだ。イタリアのフライはパン粉にチーズやイタリアンパセリなどを混ぜておくのが特徴。こくや香ばしさがぐんと増しておいしいよ。舌びらめのほかに、おひょう、たら、ひらめなどでもおいしくできるからおすすめだよ。

脂の多い青魚を甘酸っぱいマリネとともに

さばのソテー
ミニトマトとバルサミコのソース

Filetti di sgombro con pomodorini, balsamico e menta

1 さばに塩、こしょうをし、薄力粉をまぶす。

2 フライパンにオリーブ油を熱し、さばを入れて両面をこんがり香ばしく焼く。

3 皿にトマトのマリネを敷き、**2**をのせる。マリネソースを上からかけ、飾り用のミントを添える。

準備

＊ミントの葉はせん切りにする。

＊ミニトマトは四つ割りにし、ボウルに入れ、塩、こしょう、砂糖、バルサミコ酢、オリーブ油の順に入れながら混ぜる。最後にミントを混ぜる。冷蔵庫で約1時間マリネする。

材料（2人分）

さば（切り身）…2枚（160ｇ）

塩、こしょう、薄力粉…各適量

トマトのマリネ

ミニトマト…6個

ミントの葉…4枚

砂糖…小さじ1

バルサミコ酢…大さじ1

E.V.オリーブ油…30㎖

塩、こしょう…各適量

E.V.オリーブ油…適量

飾り用ミント…適量

Carmine's

Advice

さばは青魚特有の脂が多いので、ミントの入ったトマトのマリネソースがさっぱりとしていてよく合うんだ。トマトのマリネは最低1時間はおいて味をなじませてね。このソースは白身魚ならフライにするとよく合うよ。

揚げてからトマトと煮込む
トスカーナの代表的な料理

たらのリヴォルノ風
Merluzzo in umido alla livornese

1 塩だらに薄力粉をまぶし、たっぷりの油でこんがり色づくまで、時間をかけて揚げる。

2 鍋にオリーブ油、にんにく、赤唐辛子を入れて香りが出るまで炒め、グリーンピースを加えてソテーしたあと、ホールトマトを加えて沸騰させる。塩、こしょうし、2〜3分煮てから**1**を入れる。水を加えてひたひたにし、長ねぎを入れる。ふたをして10分近く煮込む。

3 皿に盛り、オリーブ油をかける。

準備
＊長ねぎは5㎝長さに切る。
＊グリーンピースは軽く塩ゆでする。

Carmine's
Advice
リヴォルノ風というのは、たらを一度揚げてからトマトで煮込んだトスカーナの料理。イタリアでたらというと、塩漬けのバッカラだけど、日本の鍋もの用の塩だらを使ってるんだ。塩抜きしないから、あとで加える塩の量には気をつけて。

材料（2人分）
塩だら（切り身）…6枚（240ｇ）
長ねぎ‥30㎝
にんにく（つぶす）…1片
赤唐辛子…1本
グリーンピース…80ｇ
ホールトマト（缶詰）…140ｇ
水…120㎖
E.V.オリーブ油…大さじ2
仕上げ用E.V.オリーブ油…適量
塩、こしょう、薄力粉…各適量
揚げ油…適量

柔らかい身質を薄く切ってカツレツ風に

めかじきのミラノ風カツレツ

Milanese di pesce spada

1 めかじきに薄力粉、とき卵、パン粉の順にころもをつける。フライパンにバターとオリーブ油を入れて熱し、バターが溶けてきたらめかじきを入れて焼く。焼き色がついたら裏返し、両面ともこんがり、カリッと焼き上げる。

2 皿につけ合わせとともに盛り、レモンのくし形切りを添える。

準備
＊めかじきは厚みを半分に切り開き、塩、こしょうをしておく。
＊パン粉とイタリアンパセリを混ぜ合わせておく。

つけ合わせ
サラダ菜、チコリ、トレヴィス、ミニトマト、きゅうりを小さめに切ってドレッシング（→P.23）であえる。

材料（2人分）
めかじき（切り身）…2枚(160ｇ)
ころも
　薄力粉、とき卵、パン粉、イタリアンパセリ（みじん切り）
　…各適量
バター…20ｇ
E.V.オリーブ油…20㎖
塩、こしょう…各適量
レモン…¼個

Carmine's

Advice
イタリアではめかじきを使ったメインディッシュというとほとんどグリルなんだ。実際にはソテー、揚げもの、煮込みとなんでも使えるので、ここでは薄く開いてミラノ風カツレツのような揚げものに。火を入れすぎるとぱさぱさになってしまうので、注意して。

ソテーしたいかをトマトとタイムで軽く煮た手軽な料理

いかのソテー タイム風味

Calamari al timo e peperoncino

準備

※いかは胴を1cm幅のリング状に切る。足も使う。

＊トマトは1cm角に切る。

＊バゲットは軽くトーストし、にんにくの切り口をこすりつける。

1 フライパンにオリーブ油とにんにく、赤唐辛子を入れて熱し、香りを出す。タイムを入れ、いかをソテーする。表面が軽くしまってきたらトマトを加え、少し煮くずれる程度にソテーする。

2 塩、こしょう、イタリアンパセリを加え、水分がたりなければ水を大さじ2〜3程度加えて1〜2分煮つめる。

3 皿に盛り、バゲットを添えてオリーブ油をかける。

材料（2人分）

やりいか（内臓を取り除いたもの）…4はい（160g）

にんにく（つぶす）…2片

赤唐辛子…1本

タイム…2枝

トマト…120g

イタリアンパセリ（みじん切り）…少量

E.V.オリーブ油…大さじ2

塩、こしょう…各適量

バゲット（1cm厚さ）…4枚

にんにく（半割り）…½片

仕上げ用E.V.オリーブ油…適量

Carmine's Advice

これは日本のいかの丸焼きをイメージして作った料理なんだ。しょうゆの代わりに、にんにくオイルベースでトマトで軽く煮込むんだよ。いかの種類はやりいかがベスト。身質が柔らかく、小ぶりなのですぐに火が通るよ。

素材を生かしてさっぱりと仕上げたグラタン

帆立貝のグラタン

Capesante al forno

準備

＊帆立貝の殻を開け、貝柱とひもを取り出してきれいに水洗いし、水分を拭き取る。貝柱は四つ割りにし、ひもとともに塩、こしょうをする。貝2個分の殻をきれいに洗っておく。
＊オーブンを200℃に予熱する。

1 フライパンにオリーブ油を熱し、帆立貝の貝柱とひもをソテーする。表面に火が入ったら殻に盛る。

2 鍋に白ワインを入れて温め、バターを加えて1〜2分煮つめ、**1**にかける。

3 パン粉、グラーナチーズ、にんにく、イタリアンパセリを混ぜ合わせて**2**にかける。オーブンに入れて5分ほど焼く。

4 皿にイタリアンパセリと細切りのトレヴィスを散らし、**3**を盛る。

材料（2人分）

帆立貝（殻つき）…6個
E.V.オリーブ油…大さじ2
白ワイン…120㎖
バター…30g
パン粉…大さじ1
グラーナチーズ（粉末）…大さじ1
にんにく（みじん切り）…小さじ1
イタリアンパセリ（みじん切り）
　…ひとつまみ
塩、こしょう…各適量
イタリアンパセリ、トレヴィス
　…各適量

Note

帆立貝の温かい料理というと、グラタン、グリル、バーベキュースタイルなどがポピュラーです。グラタンというとホワイトソースを使ったこってりとした仕上がりを想像しますが、このグラタンはチーズやにんにくを混ぜたパン粉をまぶしてオーブン焼きにしたもの。パン粉自体がうまみになるうえ、余計な水分を吸ってくれるので、帆立貝にこくが加わっていっそうおいしくいただけます。

ハーブ入りパン粉をまぶして、
殻ごと香ばしく焼き上げる

車えびのパン粉焼き
Gamberoni impanati

1 ボウルにパン粉、イタリアンパセリ、にんにく、オリーブ油大さじ1を入れ、よく練る。えびの身にまぶし、残りのオリーブ油をかける。

2 オーブンに入れ、パン粉が香ばしくなるまで10分ほど焼く。

3 皿に盛り、トレヴィスとレモンの飾り切りを添える。

準備
＊車えびは腹側から包丁を入れて開き、身に塩、こしょうをふる。
＊オーブンを200℃に予熱する。

材料（2人分）
車えび（殻つき）…6尾
パン粉（→P.10）…大さじ8
イタリアンパセリ（みじん切り）
　…大さじ1½
にんにく（みじん切り）…小さじ1
E.V.オリーブ油…大さじ2
トレヴィス、レモン…各適量
塩、こしょう…各適量

Dolce

第5章

食事の締めは、やっぱり
ドルチェ

最後はお楽しみのドルチェ。
ドルチェは料理を
目いっぱい食べたあとにいただくので、
イタリアンでは繊細なものよりも
チョコレートやお酒がきいた、
シンプルで強い味が好まれます。
もちろん有名なアレも
忘れてはいませんよ。

クリーミーなマスカルポーネと
苦みの強いエスプレッソが絶妙

ティラミス
Tirami su

材料（20×20×5cmの型1台分。6人分）
スポンジケーキ（20×20cm×厚さ8mm）…2枚
エスプレッソコーヒー…70〜80㎖
マスカルポーネクリーム
　マスカルポーネチーズ…250g
　卵黄…2個
　粉糖…60g
　ラム酒…50㎖
　生クリーム（乳脂肪分47%）…350㎖
ココアパウダー…15g

一番上のココアは飾りではなく、味を作る大切な要素。ひとつの層として、チーズやエスプレッソを含ませたスポンジと楽しむものなので、たっぷりとふりましょう。

Carmine's

Advice
いまやコンビニやファミレスでの定番商品として並んでいるティラミス。シンプルで単純な味が人気の秘密なんだろうね。

準備
＊エスプレッソコーヒーを作る。

6 4〜5をもう一度繰り返し、2段にする。

4 型にスポンジケーキを敷き、エスプレッソコーヒーの半量を刷毛でたっぷりしみ込ませる。

1 ボウルにマスカルポーネ、卵黄、粉糖、ラム酒を入れ、泡立て器でなめらかになるまで混ぜ合わせる。

7 ココアパウダーを茶こしでこしながら、表面をおおいつくすまでふりかける。

5 4の上に2のクリームを半量のせ、平らにならす。

2 別のボウルに生クリームを入れ、七分立てに泡立てる。半量を1のマスカルポーネのクリームに加え、泡立て器で混ぜる。残りの生クリームを入れてゴムべらに替え、なめらかに混ぜる。

3 スポンジケーキを型の大きさに合わせて8mm厚さに切る。

Arrangement エスプレッソもスポンジも使わない
ティラミスの簡単バージョン

クレーマ・マスカルポーネ
Crema mascarpone con lingue di gatto

ティラミスのマスカルポーネクリームの材料を同量使い、作り方1〜2と同様に作る。グラスに盛ってココアパウダー適量を茶こしでふり、クッキー（市販品）などを添える。

139

材料 （長径約25cmの楕円型1台分。6人分）
スポンジケーキ（12×24cm×厚さ8mm）…2枚
スイートチョコレート（製菓用）…40g
生クリーム（乳脂肪分47%）…250ml
カスタードクリーム（→P.141）…250g
シロップ
　┌グランマニエ、コワントロー、キルシュ酒、
　│ブランデー、グレナデンシロップ
　│　…各40ml
　└水…100ml

お酒たっぷりのシロップに浸した
スポンジをクリームとともに

ズッパ・イングレーゼ
Zuppa inglese

カスタードクリーム

カルミネ直伝

Crema pasticciera

材料（でき上がり約1.2kg）
卵黄…8個　　粉糖…200g
薄力粉…80g　牛乳…1ℓ
バニラビーンズ…½本

準備
＊バニラビーンズは縦に切り目を入れる。

4 **3**を平鍋に移す。**1**の牛乳をこし器に通しながら加える。

5 **4**を火にかけ、木べらで鍋全体をゆっくりとかき混ぜ続ける。火加減は中火くらい。あまり熱しすぎるとクリーミー感がなくなってしまう。また数分すると一気に固まり始めるので、状態をよく見ながらかき混ぜる。鍋底が見えるようになったら、火からはずす。なめらかさが出るまで、さらに数分かき混ぜる。

6 こし器でこしながらバットに流し入れる。

7 表面を平らにならし、バターのかたまり（分量外）でトントンと軽くたたきながら、バターの薄い膜を作る。粗熱を取ってから、冷蔵庫で冷やす。

1 鍋に牛乳とバニラビーンズを入れて表面が沸き立つまで温める。火からはずし、10分ほどおいてバニラの香りを十分に出しておく。

2 ボウルに卵黄と粉糖を入れ、泡立て器でぐるぐるとかき混ぜてなじませる。そのままかき立て続け、全体が白っぽくなり、持ち上げたときにとろとろとリボンのようにたれるようにする。

3 薄力粉をふるいにかけ、**2**の生地全体にふりかける。ゴムべらでざっくりと混ぜ合わせ、粉をなじませる。泡立て器を使うと卵黄の生地のふっくらした泡立ちが消えてしまうので、必ずゴムべらを使うこと。

準備
＊ボウルにシロップの材料を合わせる。
＊スイートチョコレートは包丁で細かく刻んでボウルに入れる。
＊スポンジケーキは型に合わせて切る。

1 チョコレートを湯せんにかけながら木べらでかき混ぜて溶かす。

2 生クリームを六分立てに泡立て、カスタードクリームを加えて混ぜ合わせる。

3 型にスポンジケーキを敷き、シロップを刷毛でしみ込ませる。**2**のクリームの半量を流して表面を平らにし、さらに**1**のチョコレートの半量をたらす。この工程をもう一度繰り返して2段にする。一番上にたらしたチョコレートは竹串を使って模様を作る。

チョコレートの模様は竹串で

表面に美しい模様をつけるのは、とても高度な技術のように見えますが、実は意外と簡単。まずチョコレートで縦の筋を書きます。神経質にならずに太い部分や細い部分があっても大丈夫。あとは筋にそってくるくると竹串を回すだけで、繊細な模様がつけられます。

こくのあるミルクプリンのような素朴なドルチェ

パンナコッタ

Panna cotta con lampone

1 鍋に牛乳、生クリーム、グラニュー糖、バニラビーンズ、レモンの皮を入れて火にかけ、沸騰させる。弱火にして15〜20分煮つめる。

2 火からおろし、ゼラチンの水気をきって加え、混ぜ溶かす。

3 2をこしながらボウルに移す。底に氷水をあて、かき混ぜながら固まる直前くらいまで冷やす。型に流し入れ、冷蔵庫で冷やし固める。

4 3を皿にあけ、まわりにフランボワーズソースをたらす。

準備
＊板ゼラチンを冷水に15分ほどつけてふやかしておく。
＊バニラビーンズは割いておく。

フランボワーズソース
フランボワーズをフードプロセッサーにかけてピュレにして、裏ごししておく。グラニュー糖と水を鍋に入れて火にかけ、水あめ状にとろっとなるまで煮つめて、レモン汁を加え、冷ます。フランボワーズのピュレに混ぜ合わせる。

材料（70〜80㎖のカップ6個分）
牛乳…250㎖
生クリーム（乳脂肪分47％）…250㎖
グラニュー糖…30g
バニラビーンズ…½本
レモンの皮…¼個分
板ゼラチン…6g
フランボワーズソース
┌ フランボフーズ（冷凍）…125g
│ グラニュー糖…25g
│ 水…50㎖
└ レモン汁…¼個分

Carmine's

Advice
「生クリームを煮た」という意味のパンナコッタもティラミスと同様に、とても人気。ゼラチンで固めるミルクプリンのように、冷やし固めるだけなので、とても手軽だよ。

チョコレートムース
Mousse al cioccolato

1 チョコレートをボウルに入れて湯せんにし、泡立て器または木べらなどでかき混ぜながら溶かし、グランマニエを混ぜ合わせる。

2 別のボウルに生クリームと粉糖を入れ、氷水を底にあてながら泡立て器で八分立てに泡立てる。

3 **1**のチョコレートの生地を**2**に加え、均一になるまでゴムべらで丁寧に混ぜ合わせる。

4 大きめの型あるいはボウルなどに流し、ラップをかけて冷蔵庫で2時間ほど冷やし固める。スプーンなどですくって皿に盛る。

準備
＊スイートチョコレートは包丁で細かく刻む。

材料（4人分）
スイートチョコレート（製菓用）
　…150g
グランマニエ（オレンジリキュール）…30㎖
生クリーム（乳脂肪分47％）
　…300㎖
粉糖…40g

Note
これもイタリアでも日本でも人気のドルチェ。チョコレートムースのレシピは十人十色でいろいろなバリエーションがありますが、このレシピはかなりシンプルなもので、チョコレートのおいしさをストレートに感じることができます。

1 ボウルに卵白を入れ、つのが立つまで泡立てて粉糖をふり入れながら混ぜ合わせる。

2 別のボウルに卵黄、グラニュー糖、白ワイン、マルサーラ酒を入れる。湯せんにして、細かい気泡が立ってふっくらとふくらんでくるまで泡立てる。湯せんをはずし、薄力粉をふるいにかけながら加え、混ぜ合わせる。

3 別のボウルに生クリームを入れ、八分立てにする。ここに 2 の卵黄の生地を入れてゴムべらで混ぜ、次に 1 のメレンゲを加えて切るように混ぜ合わせる。

4 型に流し入れ、表面を平らにする。冷凍庫で約 3 時間冷やし固める。

材料（25×6×8 cmの型 1 台分）
卵黄…2 個
グラニュー糖…75 g
白ワイン…100 ㎖
マルサーラ酒…100 ㎖
薄力粉…30 g
卵白…2 個分
粉糖…50 g
生クリーム（乳脂肪分47％）
　…250 ㎖

ふんわりとしたクリームを
半冷凍した口あたりのよいドルチェ

ザバイオーネのセミフレッド

Semifreddo allo zabaione

Note

ザバイオーネとは卵黄にグラニュー糖の甘みと甘口白ワインの風味を加えてふんわりと泡立てたもの。そのまま食べたり、フルーツや焼き菓子のソース代わりに添えたりします。それを柔らかめに凍らせるセミフレッドに仕立てました。

チョコレートソースでいただく
食後にぴったりな濃厚ケーキ

チョコレートケーキ

Fondente al cioccolato

1 バターを木べらでクリーム状に柔らかく練る。

2 チョコレートを湯せんにかけ、木べらで混ぜ溶かす。

3 別のボウルに卵黄とラム酒を入れ、泡立て器で混ぜ合わせる。別のボウルに卵白を入れ、つのが立つまで泡立ててから、粉糖を加えて混ぜ合わせる。

4 2に1のバターと3の卵黄の生地を順に入れてゴムべらで混ぜ合わせ、さらにメレンゲを合わせる。薄力粉をふるいにかけながら加え、粉気がなくなるまで混ぜる。型に入れ、オーブンで40分焼く。

5 ソースを皿に敷き、4のケーキを切り分けて盛る。

準備

＊バターは室温にもどしておく。
＊型に薄く油(分量外)を塗り、オーブンペーパーを大きさに合わせてはる。
＊スイートチョコレートは包丁で細かく刻み、ボウルに入れる。
＊オーブンを180℃に予熱する。

ソース

ホワイトチョコレートを細かく刻んで鍋に入れ、湯せんしながら木べらでかき混ぜて溶かす。生クリームとラム酒を混ぜ合わせ、火からはずして冷ます。

材料(25×6×8cmのとよ型1台分)
スイートチョコレート(製菓用)
　…300g
バター…200g
卵黄…5個
ラム酒…100ml
卵白…5個分
粉糖…200g
薄力粉…100g
ソース
┌ ホワイトチョコレート(製菓用)
│ 　…50g
│ 生クリーム(乳脂肪分47%)
│ 　…100ml
└ ラム酒…20ml

1 チョコレートをボウルに入れて湯せんにしながら溶かす。

2 別のボウルに生クリームと粉糖を入れ、四〜五分立てにする。⅓量を1のチョコレートに加え、グランマニエを合わせる。残りの生クリームにはナッツとチョコチップを混ぜ合わせる。

3 スポンジを型用のボウルに敷く。シロップを塗り、ナッツ入りのクリームを流し入れて中央をくぼませ、チョコレートのクリームを詰めて平らにならす。冷凍庫に3時間入れて固める。

4 3を型から取り出し、粉糖を茶こしに通してふりかける。紙を放射線状に切ってかぶせ、ココアパウダーを同様にふる。

ナッツとチョコのクリームが層になったアイスケーキ

ズコット

Zuccotto

準備

＊180℃のオーブンでアーモンドは10分、ヘーゼルナッツは15分焼き、細かく砕く。

＊ボウルにシロップの材料を合わせる。

＊スイートチョコレートは刻んでおく。

＊スポンジケーキは型に合わせて切る。

材料〈直径18cmのボウル型1個分〉

アーモンド（皮なし）、ヘーゼルナッツ…各60g

チョコチップ…50g

シロップ

　ブランデー、グランマニエ、グレナデンシロップ、水…各25㎖

スポンジケーキ（12×24cm×厚さ8㎜）…1枚

スイートチョコレート（製菓用）…100g

生クリーム（乳脂肪分47％）…500㎖

粉糖…100g

グランマニエ…20㎖

仕上げ用粉糖、ココアパウダー…各適量

子供から大人までみんな大好きなおなじみの味

かぼちゃのプリン

Budino alla zucca

1 ボウルに卵、卵黄、グラニュー糖、生クリームを入れ、泡立て器で混ぜ合わせる。

2 かぼちゃに牛乳を混ぜ合わせ、**1**を加えて混ぜる。こしながらカラメルを敷いた型に流す。

3 天板に湯をはり、**2**をのせてオーブンで1時間ほど焼く。途中、湯がなくなったらたす。焼き上がったら粗熱を取り、冷蔵庫で冷やす。

準備
＊小鍋にカラメル用のグラニュー糖と水10mℓほどを入れて強火にかける。泡が小さくなり、チョコレート色に色づいてきたら水10mℓほどをたして溶かす。これを型の底に流しておく。
＊かぼちゃは適当な大きさに切って、竹串がすっと入るまでゆでる。水気をきって裏ごしする。
＊オーブンを200℃に予熱する。

材料（直径19㎝の丸型1台分）
かぼちゃ（皮をむいたもの）
　…270g
牛乳…220mℓ
卵…2個
卵黄…2個
グラニュー糖…80g
生クリーム（乳脂肪分47％）
　…220mℓ
カラメル
　┌ グラニュー糖…100g
　└ 水…20mℓ

イタリア食材便利帳

レシピの中で知らない名前に出会ってもあわてないで。
イタリアンならではの食材をしっかりご紹介します。
意外と身近に手に入るものもあるので、探してみてください。

パスタ図鑑

日本でも多くの種類が出回り、太さ、長さ、形もさまざま。手に入りやすいものをご紹介しましょう。

マカロニ
Maccheroni

日本でも昔からある管状のパスタ。サラダやオーブン料理、スープの浮き実などにも使われる。

ペンネ
Penne

先が尖っているので、ペンネ＝ペン先という名前。オイル系ソースには合わないが、トマトソース、クリームソースには合う。

フジッリ
Fusilli

らせん状にねじった形のパスタ。ソースがからみやすいので、どんなソースとも相性がよく、幅広く使える。

ショートパスタ

日本ではパスタというとロングパスタですが、イタリアではショートパスタも人気。グラタンやスープなど幅広く使うこともあります。

オレッキエッテ
Orecchiette

「赤ちゃんの耳」という意味で、中央がくぼんだ小さくて丸いパスタ。南イタリアのプーリア地方でよく使われ、ブロッコリーのソースを合わせるのが定番。

リガトーニ
Rigatoni

「筋入り」の意味のとおり、筋が入っている太い管状のパスタ。肉のソースなどこってり系に合う。ペンネに筋が入ったものは「ペンネ・リガーテ」という。

ファルファッレ
Farfalle

蝶の形のパスタ。中心部と周辺部の厚みが違うので、好みの堅さにゆで上げる。

フェデリーニ
Fedelini

直径1mm前後。あっさりしたソースに向く。冷製パスタでも濃いめのソースならOK。

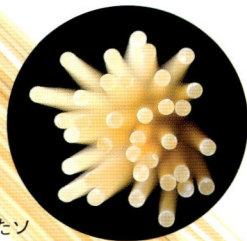

カペッリーニ
Capellini

直径0.9mm。「細い髪の毛」の意でもっとも細いパスタ。冷製パスタによく使われる。

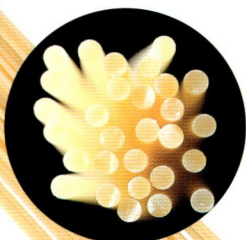

スパゲッティ
Spaghetti

直径1.6〜2.2mm。あっさり味からこってり味までどんなソースとも相性がよい。本書のロングパスタは、すべてこちらを使用している。

ロングパスタ

パスタの断面の直径はあくまでも目安。
地方やメーカーによって、若干異なるので、表示をよく見て購入しましょう。

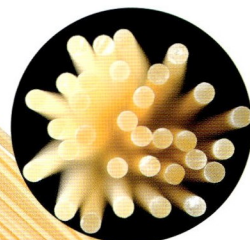

スパゲッティーニ
Spaghettini

直径1.2〜1.3mm。語尾の「ィーニ」は小さい、細いの意。この太さまでのパスタは基本的にオイルソース系のあっさりとした味によく合う。

リングイーネ
Linguine

スパゲッティを平たく押しつぶした形。断面が楕円形をしている。バジルソースやクリームソースなど比較的濃いめのソースに合う。

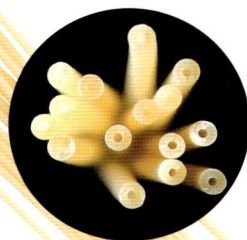

ブカティーニ
Bucatini

直径2.5mm程度。穴のあいた管状の太めのパスタ。クリーム系など濃いめのソースと合わせるとバランスがよい。

チーズ図鑑

イタリアにはひとつの村にひとつチーズがあるといわれるほどたくさんの種類があります。ここでは代表的なものをご紹介します。そのまま食べてもおいしく、調味料的にも使える、イタリアンに欠かせない食材です。

ゴルゴンゾーラ
Gorgonzola

世界三大青かびチーズのひとつ。濃厚で塩味が強く、かびの部分はピリッ感じる刺激があるが、本体はクリーミー。生クリームと合わせてパスタやニョッキのソースにするのが定番だが、そのまま食べることもある。かびの入り方がタイプによって違うので、試食をして好みのものを見つけるとよい。

パルミジャーノ・レッジャーノ
Parmigiano Reggiano

牛乳から作られる超硬質チーズの代表として大変ポピュラーで、イタリアのチーズの王様といわれている。エミリア・ロマーニャ地方のパルマ、レッジョ・エミリア、モデナ、マントヴァ、ボローニャで作られ、厳しい品質管理のもとで検査をパスしたものだけがこの名称を名乗れる。

グラーナ・パダーノ
Grana Padano

パルミジャーノと同様、牛乳から作られる超硬質チーズ。熟成期間が1〜2年と浅いぶん、中の黄色みが薄く風味も軽やか。幅広く料理に使用できるので、本書でも多用している。パルミジャーノより安価なのも魅力。かたまりのまま冷凍保存するなら、次に使用するときは表面を薄くそぎ落としてから。

フォンティーナ
Fontina

イタリア北部、ヴァッレ・ダオスタ地方のアオスタ渓谷で夏に放牧された牛の乳から作られるチーズ。少々刺激のある個性的な香りだが、口に入れると甘みがありクリーミー。テーブルチーズとしても食べるが、熱を加えると溶けてまろやかになるので、パスタやニョッキのソースにも使われる。

ペコリーノ・ロマーノ
Pecorino Romano

ペコリーノは羊乳から作られる超硬質チーズ。特にローマで生産されているものはペコリーノ・ロマーノと呼ばれ、塩分が強いのが特徴。牛乳から作ったチーズに比べて羊乳独特の青臭さはあるが、あと味がすっきりしている。羊乳のチーズはイタリアでも南部でよく使用され、パスタにもすりおろしてかける。

モッツァレッラ
Mozzarella

本来は水牛の乳で作るが、牛乳で作られたものも多く出回り、水牛のものより淡泊な味。丸形のほかさくらんぼ大のものも見られる。トマトとバジリコといっしょに食べるカプレーゼという料理が有名。熱を加えると溶けて糸を引き、ピッツァによく使われる。

タレッジョ
Taleggio

北イタリアのロンバルディア州を中心に作られる牛乳のチーズ。表皮はオレンジから茶色で弾力があり、酸味とこくのあるクリーミーな味。製造途中に塩分や酒で洗う工程があり、このようなチーズをウォッシュタイプと呼ぶ。保存はペーパータオルなどで切り口をおおい、ぬれぶきんをかぶせてから容器に入れて冷蔵庫へ。

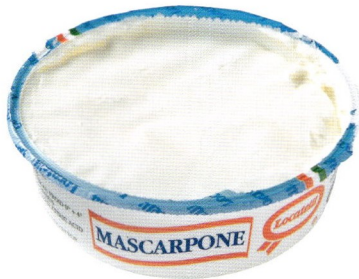

マスカルポーネ
Mascarpone

生クリームのようにクリーミーなチーズ。おもにドルチェに使用され、特にティラミスに使われることで有名。いわゆるチーズの作り方とは異なり、乳脂肪（生クリーム）を加工して作るので非常に乳脂肪分が高い。鮮度が大切なので、早めに食べきるのがおすすめ。残ったら空気に触れないようにラップを。

リコッタ
Ricotta

さっぱりとした乳脂肪分の低いチーズ。厳密にいうと、リコッタはチーズの副産物みたいなもので、チーズを作る過程で残るホエー（乳清）という液体を再度温め、もろもろの状態に固まったところですくい取ったもの。日もちしないので、製造年月日をよく見て購入すること。

スカモルツァ
Scamorza

牛乳のチーズ。燻製タイプ（アッフミカータ）と燻製にしてないタイプ（ビアンカ）がある。くせがなく甘みがあって食べやすく、火を通すと餅のように溶けてのびるので、トーストにのせたり、幅広い活用法がある。手でひねりながら作るので、象形や豚形など、楽しい形のものも。

ケイパー
Capperi

フクチョウソウ科の半蔓性の低木の花のつぼみを酢漬けや塩漬けにしたもの。独特の酸味と風味があり、少量使うとアクセントになる。イタリアンのシェフはうまみの強い塩漬けのほうを好んで使う。塩漬けは水にさらして軽く絞って使う。小粒のもののほうが良質なので、選ぶ際の目安に。

オリーブ油
Olio d'oliva

日本ではエクストラ・ヴァージンとピュアの2種が輸入されているが、開栓すると酸化が進むので2種類を使い分けず、エクストラ・ヴァージンを購入したほうがよい。地方によって香りや味わいにかなり差があるので、料理によっては向き不向きがある。保存は冷暗所。賞味期限は製造から1年が目安。

調味料と加工品

基本調味料から加工品まで、イタリア料理に欠かせないものばかり集めました。身近なお店になければ輸入食材店やネットショップも探してみてください。

バルサミコ酢
Aceto balsamico

暗褐色をした芳香酢。ひと口にバルサミコ酢といっても熟成度合いで、風味にかなり差がある。熟成の若いものは酸味が強く、ドレッシングのヴィネガーとして使用し、熟成の進んだものはとろりとしてまろやかなのでソースにと、使い分けるとよい。長期熟成のものほど高価。

オリーブの実
Oliva

日本では塩水漬けが手に入りやすい。グリーンとブラックがあり、グリーンは成熟する前の実で、尖った刺激のある味わい。ブラックは完熟して黒くなったもので、風味もまろやかでやや鉄っぽい味がする。刻んでパスタソースにしたり、煮込みに入れるなど料理にもよく使うが、そのままおつまみにもなる。

ワインヴィネガー
Aceto di vino

ぶどう果汁を発酵させて造る酢。さわやかな酸味とフルーティな風味が特徴。赤と白があり、赤はふくよかな感じで煮込みに、白は軽い口あたりで魚介のマリネなどにそれぞれ向く。

松の実
Pinoli

朝鮮五葉松やイタリア笠松など特定の松かさの鱗片内側についている胚乳で、茶色の薄皮に包まれている。イタリアではピノーリと呼ばれ、バジリコペーストに使われることで有名。ナッツのなかでも脂肪分と食物繊維が豊富。油が酸化しやすいので、密閉して冷凍保存にする。

パンチェッタ
Pancetta

豚バラ肉の塩漬け。特有の塩気、うまみがあり、加熱して脂肪分をソースに使ったり、煮込んだりする。購入時は断面の層がきれいで、赤身より脂身の割合が若干多いものを選ぶとよい。ブロックで購入するときは、赤身と脂身のバランスが全体に均一なものを。手に入らないときはベーコンで代用するが、必ずブロックを用意する。

サルシッチャ
Salsiccia

イタリアの粗びきの生ソーセージ。ハーブや香辛料を入れて腸詰めにして作る。そのままローストして食べるときは、じゃがいもとともにローストすることが多い。パスタやリゾットに入れるときは、皮を取り除き、砕くように炒める。

アーティチョーク
Carciofi

アーティチョーク(チョウセンアザミ)の花托(がくのつけ根の部分)をオイル漬けにしたもの。生はあく止めなど下処理に手間がかかるが、加工品なら切って盛りつけるだけで気軽に楽しめる。1年は保存可能。

生ハム
Prosciutto crudo

厳選された皮つき豚もも肉を塩漬けし、自然熟成させたもの。イタリアではパルマやサンダニエーレ産が高級とされている。ごく薄くスライスしたものを、そのまま食べたり、脂肪分の少ない肉に巻いてソテーしたりするほか、切れ端などは調味料的に使用することも。

からすみ
Bottarga

サルデーニャの特産。ぼらなどの魚の卵巣を塩漬けにして、乾燥させたもの。血合いがなく、つやのあるものを選ぶ。使う分だけ薄皮を取り除き、薄くスライスしたり、すりおろしてパスタに混ぜたりする。最近は粉末のものも出回っている。

アンチョビ
Acciughe

かたくちいわしのフィレを塩蔵熟成させたもの。塩漬けの製品もあるが、日本の小売店で買えるものは、オイル漬けかペースト。オイル漬けは塩漬けのアンチョビの塩を落としてオリーブ油に漬けたもの。アンチョビペーストはチューブ詰めしたもの。塩辛く、うまみがたっぷりなので、調味料としてソースに使われることが多い。

ちょっと聞き慣れないものもありますが、料理するたびに少しずつ覚えて、使いこなしましょう。一般的にドライのハーブはフレッシュよりも香りが強いので、使う分量に注意しましょう。

イタリアンパセリ
Prezzemolo

セリ科。日本のパセリに比べて青臭さがなくてえぐみが少なく、さわやかな香り。バジリコと同様にトマトとの相性がよく、葉のみ刻んでトマトソースに混ぜたり、仕上げにふりかけたりする。茎はスープをとるときやマリネ、煮込みに使う。

オレガノ
Origano

シソ科。強く爽快な香りで、ほろ苦い。トマトとの相性がよくピッツァソースによく使われる。フレッシュは少量を刻んでドレッシングに加えたりするが、加熱に弱いので、煮込みなどにはドライを使用する。

ローズマリー
Rosmarino

シソ科。ややくせがあり、青臭く甘い香りが強い。肉や魚の下ごしらえに使うと臭みをカバーし、インパクトのある味わいに。大量に使ったり、加熱しすぎたり、木化した枝を使用すると、苦みが出るので注意する。野菜ならじゃがいものソテーに合わせるのが定番。

バジリコ
Basilico

シソ科。しそに似た清涼感に加えて甘い芳香がある。トマトとの相性がよく、パスタソースやサラダなどに使用する。葉のつけ根が黒くなっているものは古いので注意。あくが強いため、湿った状態で保存すると黒く変色する。すぐに使わない場合は紙の箱などに入れ、固く絞ったふきんをかぶせて冷蔵庫へ。

タイム
Timo

シソ科。ほのかに甘くすがすがしい香り。魚介や野菜とともに調理すると、素材の持ち味を引き立てる。特にじゃがいものローストとは相性抜群。葉だけを使うときは、指で茎をつまんでそのましごくと簡単にはずすことができる。

154

フェンネル
Finocchio selvatico

セリ科。セロリに似た強烈なくせがあり、アニスのような甘みがある。魚料理に使用することも多く、いわしのような臭みのある魚には特に効果的。

ディル
Aneto

セリ科。ピリッとしたさわやかな芳香を持つ。魚のハーブといわれるほど、魚との相性がよく、生臭いにおいを消す働きがある。マリネやピクルスの風味づけ、マヨネーズやドレッシングなどに使われる。

セージ
Salvia

シソ科。濃厚な香りと苦みがある。加熱しても香りが消えないので、調理上の扱いが簡単。溶かしたバターに香りを移したセージバターソースや、肉を焼いたあとに出る脂に合わせるといった使い方が多い。強い香りのため、使用量に注意すること。

セルフイユ
Cer foglio

セリ科。セルフイユはフランス語。英語ではチャービル。さわやかで繊細な味と香り。葉はそのままサラダに加えたり、料理の仕上げに添えたりして使う。魚料理に向いていて、茎ごといっしょに蒸すと、マイルドでさわやかな香りを楽しめる。

マジョラム
Maggiorana

キク科。鼻をくすぐる心地よい芳香を放つ。ただし、この香りはデリケートで、長く加熱すると失われてしまう。仕上げにふるか、短時間加熱に使用する。煮込み料理にはドライのほうが向く。油脂との相性がよい。

ローリエ
Alloro

クスノキ科。和名は月桂樹で、日本でもカレーやシチュー類に使用するポピュラーなハーブ。強く甘い芳香で、香りがすぐに立つ。葉の縁に手で細かく切り目を入れてから使用する。

トレヴィス
Radicchio rosso di Chioggia

キク科。ヴェネト州の代表的な野菜。トレヴィスはフランス語、イタリア語ではラディッキオという。すがすがしい苦みが特徴で、白い軸の部分も食べられる。レタスのような食感でサラダ向き。加熱してもおいしいが、色が抜けてねずみ色になる。

アーティチョーク
Carciofi

チョウセンアザミの花のつぼみで、食べる部分はつぼみの奥の花托と呼ばれる部分。堅くて食べられない部分以外はまわりの総包片や茎も利用する。つぼみの締まっているものを選び、黒ずみや斑点のあるものは避ける。切り口は空気に触れると黒く変色するので、切ったらすぐにレモン水につけてあく止めをする。

ズッキーニ
Zucchina

形はきゅうりのようだが、かぼちゃの仲間。ほんのり苦みがあるが淡泊な味で油脂と相性がよい。カポナータやフリットなど煮る、焼く、揚げる、炒めるとさまざまな調理法に向く。中がしっかり詰まっている重量感のあるもののほうが新鮮。張りがあるものを選ぶ。旬は夏。

チコリ
Cicoria belga

キク科。フランス語でアンディーブ。チコリの葉は苦みがあるので、陽にあてないように育てた芽を料理に使う。芽は白菜の芯を小さくしたような形で、生でサラダや料理のつけ合わせにしたり、バター炒めや蒸し煮などにする。1枚ずつはがすとボート形のお皿のようになるので、おつまみなどをのせてもよい。

エンダイブ
Indivia

キク科。葉の周囲が細かくちぢれている。しゃきしゃきとした歯ざわりで、独特の苦みを持つ。中心に近い白い部分はサラダに、外側の緑色が濃い部分は苦みが強いので煮込みやスープに。

マーシュ
Valerianella

オミナエシ科。和名は野ぢしゃ、英名はコーンサラダ。葉が柔らかく、あくもくせもなく食べやすい。生でサラダにするほか、ゆでたり軽くソテーしてもおいしく食べられる。

ルーコラ
Rucola

アブラナ科。葉は柔らかく、かむとごまに似た味わいで、ピリリと辛みもある。古くなると先端から黄色く変色してくる。サラダはもちろん、ステーキやピッツァのトッピングにし、辛みをアクセントにする。

イタリアンのだし「ブロード」のとり方

ブロードとはブイヨンのことで、鶏や牛の骨と香味野菜を水で煮出しただし。比較的淡泊なので、いろいろな料理に幅広く使えます。料理のだしとして使用するほか、味をととのえればスープとして飲むこともできます。残ったらキューブ型に入れて冷凍しておけば便利。汎用性を高めるため、味を強くつけないように注意し、香草類も加えず仕上げましょう。

5 沸騰したらホールトマトを加え、塩とこしょうを入れる。

1 玉ねぎ、にんじん、セロリは薄切りにする。鶏がらと牛骨は水洗いして汚れを取り除く。

6 火加減を中火に落とし、約2時間煮出す。あくが浮いてきたら、そのつどすくい取る。写真は煮終わった状態。

2 大きな鍋に鶏がらと牛骨を入れて、水（分量外）をいっぱいにはり、火にかけて沸騰させる。大量のあくが浮いてくるが、あとで水洗いするので、この段階で取る必要はない。

7 容器の上に目の細かなこし器を重ね、煮出したブロードを注ぎ入れてこす。

3 ざるにあけて湯を捨て、鶏がらと牛骨を流水できれいに洗う。鍋もきれいに洗う。

8 ブロードのでき上がり。

4 鍋に水5ℓを入れ、**1**の野菜と**3**の骨を加えて強火にかける。

材料（でき上がり3～4ℓ）
鶏がら…500g
牛骨…500g
玉ねぎ…1個
にんじん…300g
セロリ…2本
ホールトマト（缶詰）…230g
水…5ℓ
塩、こしょう…各適量

Vino
イタリアワインの楽しみ方

ヨーロッパ人には、ワインがお酒という感覚はあまりありません。常に料理とともにあって、水代わりに飲むものなので、単なるドリンクととらえているのです。いわば「食事をおいしくする水」という感覚でしょうか。ワインがないと食欲がわかない、食べる気がしないというのが、ヨーロッパ人のおおかたの意識でしょう。

でも日本は、もともとワインを飲む文化のない国。どうしても難しく考えてしまうのか、「飲む前に知識あり」という感じで、品種がどうの、香りがどうのということを気にしがち。高級ワインの場合は、そのような背景を知って、考えながら飲むことも楽しみのひとつですが、普段気軽に飲むテーブルワインなら何も考えず、とにかく飲むことがおすすめです。

おうちで飲むワインは、レストランで飲むワインとは違います。レストランでは、プロが作る完成された料理に合わせて、

温度管理がしっかりされた質の高いワインを選び、それぞれのワインに合ったグラスでいただかなくてはバランスがとれません。その点、おうちでは料理も素人が作るものですし、リラックスしていただくのですから、細かいことを気にせず1500～2000円台の手ごろなもので十分。

味わいは値段でずいぶん絞り込めますが、とにかくイタリアワインは種類が豊富。そこでおすすめしたいのが、地方で選ぶ方法です。白ワインだったらフリウリ・ヴェネツィア・ジュリ

上・トスカーナにあるカルミネさんのぶどう畑。摘み取ったぶどうを自家用ワインに醸造する。
左・家族で集えば、いつもワイン片手に乾杯！

イタリアワインの
ラベルの読み方

```
    ❶ CHIANTI
    ❷ DENOMINAZIONE DI ORIGINE CONTROLLATA E GARANTITA
    ❸ 1996
    ❹ RUFFINO
    ❺ NET CONT. 750ML        ❻ 12%ALC BY VOL
    ❼ BOTTLED BY RUFFINO S.P.A. PONTASSIEVE ITALIA PRODUCT OF ITALIA
```

❶ワイン名
これはトスカーナを代表するワイン、
キャンティ。

❷ワインの分類（格つけ）
使用するぶどうや製法によって4分類。
これは最上級のD.O.C.G.※。

❸ぶどうの収穫年
いわゆる"ヴィンテージ"は、ここで見る。

❹ワインを醸造した会社名
会社名は、いわゆるブランド的な存在。

❺容量
ワインボトルは通常750㎖。

❻アルコール度
％で示す。

❼生産者元詰
瓶詰、生産者名。

※Denominazione di Origine Controllata e Garantita
の略。D.O.C.（ぶどうの品種、原産地、醸造方法など
について、より厳しく管理・統制された最高級のワイ
ン）を5年間保持したワインのなかからより細かい規
定をクリアし、農林省や商工会議所などの検査に合格
した高水準のものだけが、D.O.C.G.として認められる。

ア、トレンティーノ・アルト・アディジェ、ヴェネトの北東部3州とトスカーナ地方産のもの。赤はどの地方でも造られているので、いっしょに食べる料理によって、重めか軽めか中間かを選びます。

そしてワイン選びよりも大事なことは、その飲み方。日本では大勢集まると、おつまみを何種も並べて、ワインもいろいろなものを一度に開けがちですが、あれこれつつきながら、ワイン

を飲むというスタイルは好ましくありません。ひとつのワインに料理はせいぜい1～2種。たくさん飲んで、たくさん食べたいときは、順序よく食べて飲みましょう。またコースで食べるときは、パスタ用に新しくワインを開ける必要はありません。アンティパストで飲んだワインが残っていればそれを引き続き飲めばいいし、その次の魚料理や肉料理用のワインを飲み始めてもいいのです。

またワインは一度開けたら、その日に飲みきらなくてはいけないと思っているかたが多いようですが、栓をしておけば2～3日はまったく平気。ワインによっては、開栓してからの味の変化を楽しめるものもあります。ワインはお酌をしないのがルールです。自分のペースで好きなように飲んでこそおいしい。ワインはみんなで囲んで楽しみますが、飲むときはそれぞれの世界を尊重しましょう。

カルミネ・コッツォリーノ
Carmine Cozzolino

1955年、南イタリア・カラブリア州生まれ。15歳のときフィレンツェで料理修業をスタートし、合気道にあこがれて1978年に来日。レストラン「ヴィザヴィ」などの料理長を経て、1988年、神楽坂に「カルミネ」をオープン。以来20年以上、イタリア人シェフによる"本場の味"を伝え続ける草分け的存在である。本格ピッツェリアがいただける「ラ・ヴォルパイア」やイタリアンバール的な雰囲気の立ち飲みバー「表参道スタンド」など、都内に5店舗を構える。

* クチーナ・イタリアーナ カルミネ
東京都新宿区細工町1-19
☎03-3260-5066
* ピッツェリア ラ・ヴォルパイア
東京都新宿区細工町1-1
☎03-3260-0435

* http://www.carmine.jp

※本書は、小社より刊行された『カルミネシェフのイタリアン 145のアイディア』（1998年）、『パスタ＆ピッツァ』（1997年）の内容をベースに、新規取材などを加えて再編集したものです。

* 撮影
髙橋栄一（表紙カバー、P.38、41、43、45、54、56〜57、66、81、84、116、117のプロセス、138、139のプロセス、人物写真）
佐藤竜一郎（小社写真部、P.114）
* 写真
角田 進（その他、イタリア現地撮影を除くすべて）
* デザイン
ohmae-d（中川 純、太田玄絵）
* 新規取材・再編集
井伊左千穂
* 編集協力
河合寛子
* 校正
佐野春美
* 編集部
原田敬子

おうちでシェフ味
カルミネさんの イタリアン

特選実用ブックス COOKING

発行日　2009年11月25日　初版第1刷発行
　　　　2011年5月30日　　第2刷発行

著者　　カルミネ・コッツォリーノ
発行者　内田吉昭

発行　　株式会社世界文化社
　　　　〒102-8187
　　　　東京都千代田区九段北4-2-29
編集部　☎03-3262-5438
販売部　☎03-3262-5115

印刷・製本　共同印刷株式会社